UNESCO Welterbestätten in Baden-Württemberg

- ▪ Limes und Kastellorte
- ⌒ Höhlen
- ⌂ Pfahlbauten
- ✝ Kloster Maulbronn
- ✝ Kloster Reichenau
- ☆ Die Stuttgarter Häuser von Le Corbusier

Main

Walldürn

Osterburken

Jagsthausen

Jagst

Kocher

Westernbach

Öhringen

Mainhardt

Murrhardt

Halheim

Limes

Welzheim

Buch

Limes

Mannheim

Neckar

Heilbronn

✝ Kloster Maulbronn

Karlsruhe

Enz

Rhein

Oberrheinische Tiefebene

Murg

Rench

Schwarzwald

Kinzig

Elz

Titisee

Schluchsee

Wutach

Rhein

Freiburg

Rems

Stuttgart

☆ Häuser von Le Corbusier in der Weißenhofsiedlung

Lorch

Schirenhof

Böbingen

Aalen (Limesmuseum)

Neckar

Tübingen

Schwäbische Alb

Lonetal

Bock-stein

Vogelherd

Hohlenstein

Achtal

Blaubeuren

Ehrenstein

Ulm

Sirgenstein

Achr

Blau

Hohle Fels

Geißenklösterle

Donau

Riß

Ödenahlen

Grundwiesen

Biberach a. d. Riß

Federsee

Siedlung Forschner

Bad Buchau

Enzisholz

Schreckensee

Schussen

Bodman-Schachen

Sipplingen-Osthafen

Überlingen

Litzelstetten-Krähenhorn

Ravensburg

Klosterinsel Reichenau

Allensbach

Stollenwiesen

Wangen im Allgäu

Hornstaad-Hörnle

Hinterhorn

Konstanz-Hinterhausen

Allensbach-Strandbad

Konstanz

Bodensee

Argen

Wollmatingen-Langenrain

0   15   30km

WELTERBE
IN BADEN-WÜRTTEMBERG

Von den Höhlen der Eiszeitkunst zu den Häusern Le Corbusiers

Baden-Württemberg

LANDESDENKMALPFLEGE

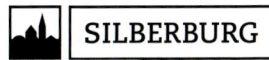

Inhalt

Liebe Leserinnen und Leser,

sechs UNESCO-Welterbestätten – unser kulturelles Erbe der Menschheit – liegen in Baden-Württemberg. Wir können stolz darauf sein! Sie zeichnen sich durch ihren außergewöhnlichen universellen Wert, ihre Integrität und Authentizität aus, zeugen daneben aber auch von der Vielfalt und dem Reichtum unserer Denkmale in Baden-Württemberg: vom ältesten archäologischen Kulturerbe Deutschlands, den Höhlen der Schwäbischen Alb, bis zur Moderne mit den Le-Corbusier-Häusern der Weißenhofsiedlung. Modernste Forschungs- und Dokumentationsmethoden wie die Unterwasserarchäologie bei den Pfahlbauten oder das Klimamonitoring in St. Georg auf der Reichenau werden für den Erhalt eingesetzt. Von der Geschichte der Welterbestätten in Baden-Württemberg, ihrer Eintragung in die Welterbeliste sowie dem Umgang und der Vermittlung erzählen die Beiträge in diesem Buch.

Die Welterbekonvention wurde im Jahr 1972 durch die Generalkonferenz der Organisation der Vereinten Nationen für Erziehung, Wissenschaft und Kultur verabschiedet. Das Übereinkommen basiert auf dem Prinzip der internationalen Solidarität zum Schutz und Erhalt des Natur- und Kulturerbes. Die gesamte Völkergemeinschaft ist aufgerufen, die Welterbestätten zu schützen. Sie sind hochbedeutend nicht nur für regionale oder nationale Gemeinschaften, sondern für die gesamte Menschheit. Die Länder, in deren Hoheit sich die Stätten befinden, verpflichten sich, alles in ihren Kräften Stehende zu tun, um die Erfassung, den Schutz und die Erhaltung der Stätten in Bestand und Wertigkeit zu gewährleisten. Hierzu zählen auch die Erforschung und die Vermittlung der Bedeutung der Welterbestätten in der Öffentlichkeit.

Bislang wurden 1121 Stätten weltweit in die Welterbeliste aufgenommen, darunter Kulturdenkmale, gemischte Stätten und Naturgebiete. 46 dieser Stätten liegen aktuell in Deutschland, sechs in Baden-Württemberg. Mit der Eintragung der Klosteranlage der Zisterzienser in Maulbronn im Jahre 1993 erfolgte die Aufnahme der ersten Welterbstätte in Baden-Württemberg. Später folgten die „Klosterinsel Reichenau" (2000), der „Obergermanisch-Raetische Limes" (2005) und die „Prähistorischen Pfahlbauten um die Alpen" (2011). Unsere jüngst in die Welterbeliste aufgenommenen Stätten sind „Das architektonische Werk von Le Corbusier – ein herausragender Beitrag zur Moderne" (2016) und die „Höhlen und Eiszeitkunst der Schwäbischen Alb" (2017). Diesen Gedanken der weltumfassenden Gemeinschaft tragen vor allem transnationale oder grenzüberschreitende Stätten in sich. Sie zeigen uns, dass die gemeinsame Geschichte Grenzen überwindet und uns alle verbindet, und tragen so in hohem Maße zur Völkerverständigung bei. Der „Obergermanisch-Raetische Limes" bildet mit dem Hadrianswall und dem Antoninuswall im Vereinigten Königreich die transnationale Welterbestätte „Grenzen des Römischen Reiches". Die serielle transnationale Welterbestätte „Prähistorische Pfahlbauten um die Alpen" umfasst 111 Pfahlbaufundstellen in sechs Ländern um die alpinen und subalpinen Gebiete in Europa. Die Welterbestätte „Das architektonische Werk von Le Corbusier" verbindet 17 Bauten und Ensembles des Architekten in sieben Staaten auf drei Kontinenten.

Die Eintragung einer Stätte in die Welterbeliste bedeutet eine Auszeichnung, lenkt sie doch den Blick der Welt auf die reiche Denkmallandschaft Baden-Württembergs. Mit der Aufnahme geht aber auch die Verpflichtung einher, das einzigartige kulturelle Erbe der Menschheit gemäß der Welterbekonvention zu schützen und zu vermitteln. Diesem Auftrag werden zahlreiche Engagierte jeden Tag gerecht, sie geben ihr Bestes in vielen Bereichen und Spezialdisziplinen.

Ich freue mich sehr, Ihnen das Buch Welterbe in Baden-Württemberg präsentieren zu können. Expertinnen und Experten haben ihr Wissen zusammengetragen und stellen Ihnen die Welterbestätten in unserem Land in interessanten Beiträgen vor. Begleitet von herausragendem Bildmaterial wird die Einzigartigkeit der Welterbestätten ins Bild gesetzt. Den Autorinnen und Autoren sowie den Fotografinnen und Fotografen gilt mein herzlicher Dank für diese schöne Publikation. Möge sie Interesse und Neugier auf mehr wecken. Ich lade Sie ein, die Welterbestätten in Baden-Württemberg zu entdecken und sich von ihnen faszinieren zu lassen.

Dr. Nicole Hoffmeister-Kraut MdL
Ministerin für Wirtschaft, Arbeit und Wohnungsbau
des Landes Baden-Württemberg

Einführung

Introduction
Introduction

Solidarität für das kulturelle Erbe der Menschheit

Eine Initialzündung für die Entfaltung des Welterbegedankens war ein gewaltiges Infrastrukturprojekt weit entfernt von Baden-Württemberg: Der Bau des ägyptischen Assuan-Staudamms in den 1960er Jahren. Das Bauwerk, das das Wasser des Nils aufstauen sollte, drohte zahlreiche wertvolle historische Kulturdenkmale des Landes in den Fluten des Nasser-Stausees versinken zu lassen. Vor diesem Hintergrund entwickelte sich eine internationale Solidaritätsbewegung zur Rettung des bedrohten kulturellen Erbes. Unter Federführung der UNESCO bewirkte sie die Versetzung einiger der bedeutendsten Monumente aus der über 5000 km² umfassenden Wasserfläche des entstehenden Stausees. Zu den geretteten Bauwerken gehören die berühmten Tempel von Abu Simbel, die im 13. Jahrhundert vor Christus unter Pharao Ramses II. errichtet worden waren. Ihre Versetzung gilt bis heute als eine ingenieurtechnische Meisterleistung.

Solidarity in the name of cultural heritage of all peoples

The initial spark that ignited the idea for World Heritage was a massive infrastructure project far away from Baden-Württemberg: the building of the Aswan Dam in Egypt in the 1960s. The building project, which would dam the water of the Nile, threatened to sink numerous and priceless historical cultural monuments in the flooding of the Nasser Water Reservoir. Before this backdrop, an international solidarity movement began developing to save the threatened cultural heritage. Under UNESCO's lead, the relocation was ensured of some of the most important monuments out of an area covering over 5000 km² that was to become the dam reservoir. Included among the rescued structures was the famous temple of Abu Simbel, built in the 13th century B.C. under Pharaoh Ramses II. Its relocation is until today considered one of the great master achievements in engineering technology.

Solidarité pour l'héritage culturel de l'humanité

L'impulsion initiale qui a donné vie à l'idée de patrimoine mondial est partie d'un énorme projet d'infrastructure à mille lieues du Bade-Wurtemberg, à savoir : la construction du barrage égyptien d'Assouan dans les années 1960. Destiné à retenir les eaux du Nil, l'ouvrage menaçait en effet d'engloutir nombre de précieux monuments historiques du pays sous les flots du lac Nasser. C'est dans ce contexte qu'un vaste mouvement de solidarité internationale s'est mis en place afin de sauver cet héritage culturel en péril. Sous l'égide de l'UNESCO, cette mobilisation inédite a réussi à imposer le déplacement de quelques-uns des monuments les plus emblématiques hors du secteur voué à être recouvert par le lac sur plus de 5000 km². Parmi les ouvrages ayant pu être sauvegardés se trouvent les célèbres temples d'Abu Simbel, lesquels avaient été édifiés par le pharaon Ramsès II au XIIIᵉ siècle avant notre ère. Jusqu'à aujourd'hui, leur déplacement fait figure de formidable prouesse d'ingénierie.

■ Versetzung der Tempel von Abu Simbel in Zusammenhang mit dem Assuan-Staudammprojekt.

■ Relocation of the Abu Simbel Temple in connection to the building of the Aswan Dam.

■ Déplacement des temples d'Abu Simbel en relation avec le projet du barrage d'Assouan.

Welterbestätten in Baden-Württemberg

Von den aktuell 46 in die Welterbeliste eingetragenen Stätten auf deutschem Staatsgebiet liegen sechs in Baden-Württemberg. Dabei handelt es sich ausschließlich um Kulturerbestätten. Sie haben eine sehr große zeitliche und inhaltliche Tiefe: von den Hinterlassenschaften der ersten modernen Menschen auf der Schwäbischen Alb vor etwa 40 000 Jahren bis hin zur modernen Architektur von Le Corbusier in der Stuttgarter Weißenhofsiedlung aus den 1920er Jahren.

Die erste Stätte in Baden-Württemberg, die in die Welterbeliste aufgenommen wurde, war im Jahr 1993 die Klosteranlage Maulbronn. Sie ist wegen ihrer hervorragenden Erhaltung ein außergewöhnliches Zeugnis für das geistige und wirtschaftliche Leben einer mittelalterlichen Klostergemeinschaft der Zisterzienser. Neben den Gebäuden hat sich auch die von den Zisterziensern geprägte Kulturlandschaft bemerkenswert gut erhalten. Zur Welterbestätte gehört ein komplexes Wassersystem mit Teichen und einem weitverzweigten Netzwerk an Gräben und Kanälen zur Wasserzufuhr.

Die Klosterinsel Reichenau wurde als eines der bedeutendsten Zentren mittelalterlichen Kunstschaffens im Jahr 2000 in die Welterbeliste eingetragen. Das im Jahr 724 durch den Heiligen Pirmin auf der Reichenau im Bodensee gegründete Benediktinerkloster hatte sich im 10. und 11. Jahrhundert zu einem religiösen, politischen und künstlerischen Zentrum von gesamteuropäischer Bedeutung entwickelt. Die Kirchen St. Maria und Markus in Mittelzell, St. Peter und Paul in Niederzell und St. Georg in Oberzell prägen das Bild der Insel bis heute. In St. Georg hat sich das einzige Beispiel einer vollständigen Kirchenschiffausmalung nördlich der Alpen aus der Zeit vor 1000 nach Christus erhalten. Der Wandmalereizyklus stellt Wundertaten Christi dar, u. a. „Die Beruhigung des Sturms

auf dem See Genezareth" auf der Nordwand des Mittel-schiffs.

Als Teil der „Grenzen des Römischen Reichs" wurde der 550 km lange Obergermanisch-Raetische Limes, der Baden-Württemberg in seinem nordöstlichen Bereich durchzieht, 2011 in die Welterbeliste aufgenommen. Der Limes markierte seit etwa 100 nach Christus die über Rhein und Donau vorangetriebenen römischen Provinz-grenzen von Obergermanien und Raetien. Er grenzte je-doch nicht nur die römische von der germanischen Welt militärisch ab. Die Grenzzone entwickelte sich im 2. und 3. Jahrhundert nach Christus zu einer lebendigen Kon-taktzone. Dort traten Römer und Germanen in einen re-gen kulturellen Austausch. Es entstand ein Wirtschafts-raum, von dem die Bewohner beider Seiten des Limes profitierten.

Seit 2011 sind 15 archäologische Fundstellen in Ba-den-Württemberg Teil des Welterbes „Prähistorische Pfahlbauten um die Alpen". Sie wurden als einzigartige Zeugnisse der Siedlungs- und Gesellschaftsentwicklung von 5 000 bis 500 vor Christus in die Welterbeliste ein-

getragen. Die Pfahlbausiedlungen der Jungsteinzeit und Bronzezeit gehören wegen hervorragender Erhaltungs-bedingungen unter Wasser und im Moor zu den bedeu-tendsten archäologischen Fundstätten weltweit. Am Bo-densee und in Oberschwaben gelegen, haben sich dort unter Luftabschluss Funde aus organischem Material erhalten, die ansonsten im archäologischen Kontext äu-ßerst selten sind: neben Bauteilen von Häusern und We-gen u. a. auch Nahrungsmittel, Textilien und Geräte.

Zwei Häuser der Stuttgarter Weißenhofsiedlung wurden 2016 in die Welterbeliste eingeschrieben als Teil des „Architektonischen Werks von Le Corbusier", das herausragende Antworten auf grundlegende architekto-nische und gesellschaftliche Herausforderungen des 20. Jahrhunderts gab. Le Corbusier entwarf für die 1927 eröffnete Werkbundausstellung „Die Wohnung" am Weißenhof ein Doppelhaus und ein Einfamilienhaus als Prototypen für die Standardisierung im Wohnungsbau. „Ein Haus wie ein Auto, entworfen und durchkonstru-iert wie ein Omnibus oder eine Schiffskabine", mit die-sen Worten beschrieb der Architekt seinen Entwurf des

■ Klosterinsel Reichenau: St. Maria und Markus in Mittelzell.

■ The Monastic Island of Reichenau: Church of St. Mary and Mark, Mittel-zell.

■ Île monastique de Reichenau: église Sainte-Marie et Saint-Marc à Mittelzell.

Obergermanisch-Raetischer Limes, Limespark Rainau.

Upper Germania-Raetian Limes, Limes Park Rainau.

Limes germano-rhétique. Limespark de Rainau.

contextual depth: from the remains of the first modern humans on the Swabian Jura from 40,000 years ago, to the modernist architecture of Le Corbusier in the Weissenhofsiedlung in Stuttgart from the 1920s.

The first site in Baden-Württemberg to be placed on the World Heritage List was the 1993 selection of the "Maulbronn Monastery Complex." Because of its exceptional preservation, it represents an outstanding testimony to the spiritual and economic life of the medieval monastic community of the Cistercians. Apart from the buildings, the Cistercians also shaped the cultural landscape, which is still remarkably well preserved. A complex water system with ponds and a widely stretching network of ditches and channels also belong to the World Heritage Site.

The "Monastic Island of Reichenau" was placed on the World Heritage List in 2000 as one of the most important centres for medieval artistic creativity. The Benedictine Monastery of Reichenau, which was established through Saint Pirmin in the year 724 on Lake Constance, developed by the 10th and 11th centuries into one of the most important religious, political and artistic centres in all of Europe. The churches of St. Mary and Mark in Mittelzell, of St. Peter and Paul in Niederzell and St. George in Oberzell shape the visual image of the island even today. A visitor to St. George will find the only completely preserved example of a fully painted church nave north of the Alps from the time before the year 1000 A.D. The wall painting series depicts the miracles of Christ, such as the calming of the storm in the Sea of Galilee on the north wall of the central nave.

As part of the "Frontiers of the Roman Empire," the 550-km long Upper Germania-Raetian Limes, which crosses into Baden-Württemberg in its northeast sections, was placed on the World Heritage List in 2011. From approximately 100 A.D., the Limes marked the border of the Roman Empire, and the Roman provinces of Upper Germania and Raetia, as it expanded over the Rhine and Danube rivers. It not only created a military border between the Romanized and non-Romanized Germanic world, but also developed into a living contact zone in the 2nd and 3rd centuries A.D. The Roman and Germanic peoples met here in a lively cultural exchange,

Einfamilienhauses in Stahlbetonskelettbauweise. Für sein Doppelhaus standen dem Architekten Salon- und Schlafwagen eines Zuges Pate.

Seit 2017 sind zwei Höhlenlandschaften auf der Schwäbischen Alb als bedeutende Stätten der Ursprünge künstlerischen Schaffens unter dem Titel „Höhlen und Eiszeitkunst der Schwäbischen Alb" in die Welterbeliste eingetragen. Vor etwa 43 000 Jahren wanderte der anatomisch moderne Mensch, der Homo sapiens, nach Europa ein. In den Flusstälern von Ach und Lone schufen diese eiszeitlichen Jäger und Sammler figürliche Kunstwerke und Musikinstrumente, die zu den ältesten bekannten Belegen der Menschheit gehören. Die etwa 40 000 Jahre alten, meist wenige Zentimeter großen, aus Mammutelfenbein und Knochen hergestellten Mensch- und Tierdarstellungen, Flöten und Schmuckgegenstände wurden in den Höhlen Geißenklösterle, Hohle Fels und Sirgenstein im Achtal sowie in der Vogelherdhöhle, der Hohlenstein-Stadel-Höhle und der Bockensteinhöhle im Lonetal entdeckt.

World Heritage Sites in Baden-Württemberg

Of the 46 sites that have been placed on the World Heritage List since 2019 within Germany, six of these are located in Baden-Württemberg. They are all Cultural Heritage Sites, all with great temporal and creating an economic space from which inhabitants of both sides could profit.

As of 2011, 15 archaeological sites in Baden-Württemberg have become part of a World Heritage serial property known as the "Prehistoric Pile Dwellings around the Alps." They were placed on the World Heritage List as a unique testament to the settlement and societal developments which occurred between 5000 and 500 B.C. The underwater and wetland locations have provided excellent conservation conditions for pile dwelling settlements, which belong to the most important archaeological sites in the world for the Neolithic and Bronze Age. On Lake Constance and in Upper Swabia, the absence of oxygen has helped preserve organic finds that otherwise are extremely rare in archaeological settings. Besides material for dwellings and paths, finds also include food products, textiles and implements.

Two houses from the Stuttgart Weissenhofsiedlung were placed on the World Heritage List in 2016 as part of the serial property "Architectural Works of Le Corbusier" as unique responses to the fundamental architectural and societal challenges of the 20th century. Le Corbusier designed a detached and semi-detached house for the Werkbund exhibition of 1927 called *Die Wohnung* (The Home). The two houses were prototypes for the standardization of residential housing. "A house like a car, designed and constructed like a bus or a ship's cabin," was the way the architect described his design for the detached house in reinforced concrete. A train's lounge and sleeping car was the inspiration for the architect's semi-detached house.

Since 2017, the caves of the Swabian Jura have been placed on the World Heritage List as important sites for the origins of human creativity under the title of "Caves and Ice Age Art in the Swabian Jura." Approximately 43,000 years ago, anatomically modern human beings, or *Homo sapiens*, arrived in Europe. In the Ach and Lone river valleys, these Ice Age hunter-gatherers created artworks and musical instruments which are among the oldest known examples of such in the world. The approximately 40,000 year-old finds, which are mostly only a few centimetres in size, were produced on ivory and bone and include human and animal depictions, flutes and personal adornments. They were found in the caves of Geißenklösterle, Hohle Fels, and Sirgenstein in the Ach Valley, and Vogelherd, Hohlenstein-Stadel and Bockstein in the Lone Valley.

Gestion des biens du patrimoine mondial dans le Bade-Wurtemberg

Sur les 46 biens allemands inscrits sur la Liste du patrimoine mondial fin 2019, six sont situés dans le Bade-Wurtemberg. Il s'agit exclusivement de biens culturels. Depuis les vestiges des premiers hommes modernes dans le Jura souabe il y a quelque 40 000 ans jusqu'à l'architecture contemporaine de Le Corbusier dans la cité du Weissenhof à Stuttgart dans les années 1920, ils couvrent une très grande étendue chronologique et thématique.

Le premier site du Bade-Wurtemberg à avoir été inscrit au patrimoine mondial en 1993 est le Monastère de Maulbronn. Compte tenu de son excellent état de conservation, il constitue un témoignage exceptionnel de la vie spirituelle et économique des communautés

■ Prähistorische Pfahlbauten um die Alpen: Pfahlfeld der spätbronzezeitlichen Siedlung Unteruhldingen Stollenwiesen in der Uferzone des Bodensees.

■ Prehistoric Pile Dwellings around the Alps: Piles from the Late Bronze Age settlement of Unterruhldingen-Stollenwiesen along the shore area of Lake Constance.

■ Sites palafittiques préhistoriques autour des Alpes – champ de pieux sur le site du Bronze final d'Unteruhldingen Stollenwiesen dans la zone littorale du lac de Constance.

▶ monastiques cisterciennes au Moyen Âge. Outre les bâtiments en eux-mêmes, le paysage culturel façonné par les moines cisterciens est, lui aussi, encore remarquablement bien préservé. Un système hydraulique complexe constitué de plusieurs étangs et d'un vaste réseau de réservoirs et de canaux fait également partie intégrante site classé au patrimoine mondial.

En tant du que l'un des principaux foyers de création artistique médiévale, l'île monastique de Reichenau, sur le lac de Constance, a rejoint la Liste du patrimoine mondial en 2000. Fondée sur l'île par Saint Pirmin en l'an 724, l'ancienne abbaye bénédictine a par la suite continué de se développer pour devenir, aux Xe et XIe siècles, un puissant centre religieux, politique et artistique d'envergure européenne. Les églises Sainte-Marie et Saint-Marc à Mittelzell, Saint-Pierre et Saint-Paul à Niederzell et Saint-Georges à Oberzell impriment leur marque à l'île jusqu'à aujourd'hui. Saint-Georges abrite le seul exemple complet de nef antérieure à l'an 1000 entièrement ornée de fresques au nord des Alpes. Son cycle de peintures murales représente les miracles du Christ, entre autres l'apaisement de la tempête sur la mer de Galilée visible sur le côté nord de la nef centrale.

Long de 550 km, le *limes* germano-rhétique, lequel traverse le Bade-Wurtemberg dans la partie nord-est du land, a été inscrit en 2011 sur la Liste du patrimoine mondial au titre du bien « Frontières de l'Empire romain ». Après la progression de l'Empire romain au-delà du Rhin et du Danube, le *limes* marque la limite extérieure de la Germanie supérieure et de la Rhétie à partir de l'an 100 après J.-C. environ. Pour autant, il est bien plus qu'une simple ligne de délimitation militaire entre le monde romain et le monde germanique. Au cours des IIe et IIIe siècles après J.-C., la frontière devient une zone de contacts intenses au sein de laquelle les Romains et les Germains se livrent à d'actifs échanges culturels. Les habitants des deux côtés du *limes* profitent de ce nouvel espace économique qui se met en place.

Depuis 2011, 15 sites archéologiques du Bade-Wurtemberg rattachés au bien dans la série « Sites palafittiques préhistoriques autour des Alpes » sont inscrits sur la Liste du patrimoine mondial de l'UNESCO en tant que témoignages exceptionnels du développement des implantations et sociétés humaines entre 5000 et 500 avant notre ère. En raison de leurs excellentes conditions de conservation dues à leur situation sous l'eau ou dans des zones marécageuses, ces stations palafittiques du Néolithique et de l'âge de Bronze comptent parmi les sites archéologiques les plus importants au monde. Dans le lac de Constance et en Haute-Souabe, de précieux gisements de reliquats organiques, d'ordinaire extrêmement rares dans le milieu archéologique, ont ainsi pu se conserver à l'abri de l'air : outre des restes de maisons et de routes, les vestiges mis au jour vont par exemple des aliments aux outils en passant par les textiles.

En 2016, deux maisons de la cité du Weissenhof à Stuttgart ont été inscrites sur la Liste du patrimoine mondial en tant que site constitutif du bien « L'Œuvre architecturale de Le Corbusier », celle-ci étant considérée comme une réponse exceptionnelle aux grands enjeux architecturaux et sociétaux du XXe siècle. Dans le cadre de l'exposition « Die Wohnung » que l'association d'artistes « Deutscher Werkbund » consacre au logement moderne en 1927, Le Corbusier conçoit pour la cité du Weissenhof deux maisons jumelées et une maison individuelle se présentant comme des prototypes de la standardisation de l'habitat. « Une maison comme une auto, conçue et agencée comme un omnibus ou une cabine de navire », tels sont les mots avec lesquels l'architecte décrit la conception de sa maison individuelle à ossature en béton armé. Pour ses maisons jumelées, l'architecte s'est inspiré de l'espace salon et couchette d'un train.

Sous le titre « Grottes et art de la période glaciaire dans le Jura souabe », deux sites de grottes du Jura souabe et leur paysage environnant figurent sur la Liste du patrimoine mondial depuis 2017 en tant que témoignages exceptionnels des origines de la création artistique. Il y a environ 43 000 ans, l'homme anatomiquement moderne ou Homo sapiens s'installe en Europe. Dans les vallées des rivières Ach et Lone, ce chasseur-cueilleur de l'époque glaciaire façonne des objets d'art figuratif et des instruments de musique qui comptent parmi les plus anciens vestiges connus de l'humanité. Remontant à quelque 40 000 ans, toute une série de figurines à effigie humaine ou animale qui, pour la plupart, ne mesurent que quelques centimètres seulement, d'instruments de musique et de bijoux sculptés dans l'os ou dans l'ivoire de mammouth ont été retrouvés dans les grottes du Geißenklösterle, du Hohle Fels et du Sirgenstein dans la vallée de l'Ach ainsi que dans les grottes du Vogelherd, du Hohlenstein-Stadel et du Bockstein dans la vallée de la Lone.

▨ Das architektonische Werk von Le Corbusier: Innenansicht des Doppelhauses.

▨ The architectonic work of Le Corbusier: interior view of the semi-detached house.

▨ L'œuvre architecturale de Le Corbusier - vue intérieure des maisons jumelées.

Welterbe grenzenlos

Das Welterbe der Menschheit, das in Jahrtausenden entstanden ist, befindet sich nicht immer innerhalb der Grenzen eines einzelnen Staatsgebietes. Daher können Vertragsstaaten der Welterbekonvention auch grenzüberschreitende Stätten für die Einschreibung in die Welterbeliste nominieren. Bei dieser transnationalen Zusammenarbeit zur Anerkennung, zum Schutz, zur Pflege und zur Vermittlung des Welterbes kommt der weltumspannende Welterbegedanke besonders gut zum Ausdruck.

Drei der sechs baden-württembergischen Welterbestätten sind solche transnationalen Stätten. An den „Prä-

historischen Pfahlbauten um die Alpen" mit insgesamt 111 Fundstellen sind neben den deutschen Bundesländern Baden-Württemberg und Bayern auch Frankreich, Italien, Österreich, die Schweiz und Slowenien beteiligt. Das Welterbe „Grenzen des römischen Reichs" besteht aktuell aus dem Hadrianswall und dem Antoninuswall (beide in Großbritannien) und dem Obergermanisch-Raetischen Limes mit den Bundesländern Baden-Württemberg, Bayern, Hessen und Rheinland-Pfalz. Das „Architektonische Werk von Le Corbusier" besteht aus 17 Schlüsselwerken des Architekten Le Corbusier in insgesamt sieben Staaten (Argentinien, Belgien, Frankreich, Deutschland, Indien, Japan und Schweiz) auf drei Kontinenten.

the participants of "Prehistoric Pile Dwellings around the Alps," and its 111 sites, are not only the German states of Baden-Württemberg and Bavaria but also France, Italy, Austria, Switzerland and Slovenia. The World Heritage Site of "Frontiers of the Roman Empire" consists of Hadrian's Wall and the Antonine Wall in Great Britain and the Upper Germania-Raetian Limes in the states of Baden-Württemberg, Bavaria, Hesse, and Rhineland-Palatinate. The "Architectural Work of Le Corbusier" includes 17 of Le Corbusier's key works found in seven countries (Argentina, Belgium, France, Germany, India, Japan and Switzerland) on three continents.

Un patrimoine mondial sans frontières

Bien sûr, les biens du patrimoine mondial de l'humanité tel qu'il s'est constitué au fil des millénaires ne s'arrêtent pas toujours aux frontières d'un seul pays. Plusieurs États signataires de la Convention du patrimoine mondial ont dès lors la possibilité de proposer l'inscription de biens transfrontaliers ou transnationaux sur la Liste de l'UNESCO. Au travers de cette collaboration transnationale pour la reconnaissance, la protection, l'entretien et la médiation de ces biens sériels, la dimension globale et universelle des valeurs portées par le concept de patrimoine mondial s'exprime particulièrement clairement.

Trois des six sites inscrits au patrimoine mondial du Bade-Wurtemberg font ainsi partie intégrante d'un bien transnational. Outre les länder allemands du Bade-Wurtemberg et de Bavière, cinq autres pays sont également concernés par les « Sites palafittiques préhistoriques autour des Alpes » avec un total de 111 gisements, à savoir la France, l'Italie, l'Autriche, la Suisse et la Slovénie. À ce jour, le patrimoine mondial « Frontières de l'Empire romain » comprend le mur d'Hadrien et le mur d'Antonin (l'un et l'autre en Grande-Bretagne) ainsi que le *limes* de Germanie supérieure et de Rhétie dans les länder allemands du Bade-Wurtemberg, de Bavière, de Hesse et de Rhénanie-Palatinat. Le bien patrimoine mondial « L'Œuvre architecturale de Le Corbusier » se compose quant à lui de 17 œuvres clés du célèbre architecte réparties dans sept pays (Argentine, Belgique, France, Allemagne, Inde, Japon et Suisse) et sur trois continents.

World Heritage without borders

The World Heritage of all peoples of the world that has accumulated over thousands of years is not only found within the borders of individual countries. Because of this, nation members of the UNESCO agreement can nominate sites to the World Heritage List that transect borders. These transnational cooperative efforts for the recognition, protection, care and public presentation of World Heritage have best expressed the true meaning behind the global concept of World Heritage.

Three of the six World Heritage sites in Baden-Württemberg are examples of transnational sites. Included among

Kloster Maulbronn

The Maulbronn Monastery

Le monastère de Maulbronn

▸ Welterbe seit: 1993
▸ Charakter: am vollständigsten und besten erhaltene mittelalterliche Klosteranlage nördlich der Alpen
▸ Datierung: 12. bis 15. Jahrhundert
▸ Lage: nördlicher Schwarzwald

- ▶ World Heritage Site since: 1993
- ▶ Character: the most complete and best preserved medieval monastic site north of the Alps
- ▶ Date: 12th – 15th century A.D.
- ▶ Location: northern Black Forest

- ▶ Patrimoine mondial depuis : 1993
- ▶ Caractéristique : l'ensemble monastique médiéval le plus complet et le mieux préservé au nord des Alpes
- ▶ Datation : du XIIe au XVe siècle
- ▶ Situation géographique : nord de la Forêt-Noire

Wie es begann

Am Anfang stand ein Fehlversuch: Die Erstgründung des Klosters 1138 auf einem Höhenrücken oberhalb der Enz in der Nähe des Dorfes Eckenweiher wurde knapp zehn Jahre später wegen der ungünstigen Lage wieder aufgegeben. Zu weit entfernt waren die für den Bau der Gebäude notwendigen Steinbrüche, zu schlecht die Bodenverhältnisse. Das durch Bischof Günther von Speyer 1147 zur Verfügung gestellte Land für die Neugründung in der Flussniederung der Salzach wies bessere Wasser- und Bodenverhältnisse sowie ausreichend anstehendes Gestein für die Klosterbauten auf und lag verkehrstechnisch günstig an der Fernverbindung, die die Handelsorte Cannstatt und Speyer miteinander verband. In den folgenden Jahren wurde Bischof Günther von Speyer, der sich in Maulbronn auch beerdigen ließ, zum wichtigen Förderer des Klosters.

Die Region war zum Zeitpunkt der Klostergründung bereits erschlossen, und es gab seit dem Frühmittelalter mehrere Siedlungen. Der Klosterstandort selbst war im Umkreis von wenigen Kilometern siedlungsfrei und waldreich.

How it all began

It started with a failed attempt. The original founding of the monastery in 1138 on a ridge over the River Enz near the village of Eckenweiher was abandoned just 10 years later because of unfavourable conditions at this location. It was too far away from the quarries necessary for construction of the buildings and too ambitious for the poor ground conditions. Lands made available by Bishop Günther of Speyer in 1147 for a re-founding of the monastery in the flood plain of the Salzach River proved to have better water and ground conditions, as well as enough existing stone outcrops for construction of the cloister. It was also logistically favourable, resting on the transport route linking the trading centres of Cannstatt and Speyer. In the following years, Bishop Günther of Speyer, who eventually was laid to rest in Maulbronn, became an important patron of the monastery.

The region at the time of the founding of the monastery was already developed, with several settlements existing in the area since the early Middle Ages.

The area around the monastery itself was, at least for a couple of kilometres, free of settlements and surrounded by rich forests.

Comment tout a commencé...

Le monastère de Maulbronn est d'abord né d'un échec : fondée en 1138 sur les hauteurs de la rivière Enz, non loin du village d'Eckenweiher, une première abbaye est finalement abandonnée quelque dix années plus tard en raison de sa situation jugée peu propice. Non seulement les carrières nécessaires à la construction des bâtiments sont trop éloignées, mais la qualité du sol à cet endroit est également insuffisante. Les terres que l'évêque Gunther de Spire met à la disposition des moines en 1147 pour l'édification d'une nouvelle abbaye offrent alors de bien meilleures conditions en termes de qualité du sol et de ressources en eau. Avantageusement situées dans la plaine alluviale de la rivière Salzach, sur la route reliant les cités commerciales de Cannstatt et de Spire, elles bénéficient par ailleurs de la proximité de pierres de construction en abondance. Au fil des années qui suivent, l'évêque Gunther de Spire devient un important bienfaiteur de l'abbaye et à sa mort en 1161, il se fait enterrer à Maulbronn.

À l'époque de la fondation de l'abbaye, la région est déjà habitée et compte plusieurs hameaux établis depuis le début du Moyen Âge. L'emplacement choisi pour le monastère est quant à lui isolé de toute présence humaine et entouré de nombreuses forêts sur plusieurs kilomètres.

Der Klosterkomplex

Mit einem historischen Baubestand, der bis ins 12. Jahrhundert zurückreicht, gehört das Kloster Maulbronn zu den herausragenden Kulturdenkmalen des Landes. Bis heute wird der Komplex von den übrigen Gebäuden des Ortes Maulbronn durch eine 850 m lange Klostermauer umfasst, der Zugang erfolgte über Tortürme.

Die Hauptgebäude entstanden zwischen dem 12. und 16. Jahrhundert. Das älteste bis heute erhaltene Bauwerk ist die um 1147 begonnene und 1178 geweihte Klosterkirche. Die dreischiffige Pfeilerbasilika ist noch dem Formenkanon der Romanik verpflichtet. In der Spätgotik veränderte sich der Raumeindruck durch den Einbau der Maßwerkfenster im Chor in der zweiten Hälfte des 14. Jahrhunderts. Weitere, umfangreichere Veränderungen fanden ab den 1420er Jahren statt: Das Langhaus wurde eingewölbt, der Chor erhielt ein neues Gestühl, Stifterkapellen wurden an das südliche Seitenschiff angebaut. Eine Besonderheit ist das über 800 Jahre alte, zweiflüglige Hauptportal der Kirche mit seinen kunstvoll gearbeiteten, schmiedeeisernen Beschlägen und der noch vorhandenen Lederbespannung aus der Erbauungszeit der Kirche.

Den architektonischen Übergang von Spätromanik zu Frühgotik vermitteln auf besonders anschauliche Art und Weise die dem sogenannten Paradiesbaumeister zugeschriebenen und ab dem frühen 13. Jahrhundert entstandenen Bauten: das Paradies (die Vorhalle der Kirche), das Herrenrefektorium sowie der südliche Kreuzgangflügel. Die in Maulbronn verwirklichte Formensprache gab wesentliche Impulse für die Entwicklung der gotischen Architektur im südwest- und mitteldeutschen Raum. Das als polygonal gewölbter Zentralbau um 1340/50 errichtete Brunnenhaus greift die Traditionen des Paradiesbaumeisters auf und entwickelt sie weiter. Neben den Klausurgebäuden haben sich zahlreiche Wirtschaftsgebäude erhalten, die im Kern oft auf die Spätgotik zurückgehen.

Die Einnahme des Klosters Maulbronn 1504 durch Herzog Ulrich sowie die Einführung der Reformation in Württemberg 1534 führten auch in Maulbronn zu einschneidenden Veränderungen. Maulbronn wurde Sitz der Herzöge von Württemberg. Der 1579 auf dem Keller eines Vorgängerbaus errichtete Fruchtkasten, das Jagdschloss (1588 erbaut auf den Grundmauern des Abtshauses) und der Marstall (1600) dokumentieren die Nutzung

■ Klosterzugang.　　　■ Monastery entry.　　　■ Entrée du monastère.

■ Klosterkirche mit Paradies. ■ Monastery church with the 'Paradise' (the narthex). ■ Église abbatiale avec le « paradis ».

▶ des Klosters als saisonalen Herrschersitz. So einschneidend die Reformation und das Ende der klösterlichen Tradition für Maulbronn waren, dürfte darin jedoch der Hauptgrund dafür liegen, dass der Klosterkomplex sich in den folgenden Jahrhunderten nicht gravierend veränderte oder z. B. barock überformt wurde. Das zeigt sich nicht zuletzt auch in der bis heute eindrucksvoll erhaltenen Dachlandschaft mit ihren zahlreich erhaltenen historischen Ziegeln. Einzelne Exemplare stammen aus dem frühen 16. Jahrhundert und verweisen auf regelmäßige Unterhaltsmaßnahmen der neuen Klosterherren.

The Monastery Complex

With a historical structure that dates back to the 12th century, the Maulbronn Monastery is one of the preeminent cultural landmarks in the state of Baden-Württemberg. Even today the monastery complex is still separated from the other buildings in Maulbronn by an abbey wall, which is 850 meters long and has entry points at several tower gates.

The main buildings originate from between the 12th and the 16th centuries. The oldest of the preserved structures still standing is the monastery church, begun in 1147 and dedicated in 1178. The triple-nave basilica still adheres in form to the Romanesque canon. In the Late Gothic, the spatial appearance was changed through installing tracery windows in the choir in the second half of the 14th century. Further and extensive alterations occurred after the 1420s: the nave was vaulted, the choir received new stalls, and the donor chapels were attached to the southern aisle. A special feature is the 800 year old, two-wing, main portal with its elaborately constructed wrought-iron hinges and leather coverings which are original from the time of the church's construction.

The architectural transition from the Late Romanesque to the Early Gothic is presented in an especially vivid way through features built starting in the early 13th century and attributed to the so-called 'Paradise' architect, or master builder. These include the 'Paradise', or Narthex, the men's refectory, as well as the southern cloister wing. The stylistic elements realized in Maulbronn were to drive forward the development of Gothic architecture in the southwestern and central parts of Germany. The central structure of the fountain house with its polygonal ceiling vaults was built around 1340–1350. It takes up the traditions of the master builder who built the 'Paradise' and develops them further. Apart from the cloister buildings, numerous outbuildings are preserved with their cores often dating to the Late Gothic.

The seizing of the Maulbronn Abbey in 1504 by Duke Ulrich, as well as the Reformation, introduced into Württemberg in 1534, also led to radical changes in Maulbronn. It became the residential seat of the Dukes of Württemberg. The grain storage house built in 1579 on the foundations of a former cellar, the hunting lodge built in 1588 on the foundation walls of the abbot's house, and the ducal stables from 1600 all document the use of the monastery as a seasonal, ducal residence. As drastic as the Reformation and the end of the monastic tradition was for Maulbronn, it is also the primary reason for why the monastery complex was not drastically altered over the course of the following centuries, or reshaped, for example, in the Baroque style. This is seen not least of all in the impressive and still preserved roofscape with its numerous and preserved historical roof tiles. A small number of examples originate from the early 16th century, thus indicating continuous maintenance by the new owners of the abbey.

■ Detail Chorgestühl um 1450.

■ Detail of the choir stalls from around 1450.

■ Détail des stalles du chœur vers 1450.

■ Vorhalle – Paradies – der Kirche mit Hauptportal.

■ Narthex ('Paradise') of the chruch with main entrance.

■ Porche – « paradis » – de l'église avec le portail principal.

■ Brunnenhaus mit Drei-schalenbrunnen.

■ Fountain House with three-bowl fountain.

■ *Lavatorium* avec fontaine à trois étages.

Refektorium.   Refectory.   Réfectoire.

■ Das Jagdschloss wird heute
als Schülerheim genutzt.

■ The hunting lodge, today
used as student dormi-
tories.

■ Le relais de chasse est
aujourd'hui utilisé en tant
qu'internat pour les élèves.

■ Historische Ziegel finden
sich auf vielen Gebäuden.

■ Historical tiles are found
on many of the buildings.

■ De nombreux bâtiments
sont encore recouverts de
tuiles historiques.

Das Wassersystem

In einem engen Funktionszusammenhang zum Kloster steht die außerhalb der Klostermauer liegende, von den Mönchen geprägte Kulturlandschaft mit ihren Wiesen, Feldern, Obstgärten, Steinbrüchen und terrassierten Weinbergen. Das historische Wasserbewirtschaftungssystem wurde ab dem 12. Jahrhundert angelegt. Es war wesentlich für das Funktionieren des Klosters und diente der Versorgung der Mönche mit Wasser, sei es für die Liturgie oder die Hauswirtschaft. Daneben hatte es zentrale Bedeutung für die Be- und Entwässerung der Felder, Wiesen und Gärten, die Anlage von Fischteichen und den Betrieb der Klostermühle. Es prägt bis in unsere Tage die Landschaft der Klosterumgebung. Auch wenn sich von den einst vorhandenen 17 Seen und den kilometerlangen Gräben nicht alles auf den ersten Blick erkennbar erhalten hat, so ist es doch eines der umfangreichsten und am besten erhaltenen zisterziensischen Wassersysteme.

■ Klosterweinberg mit Trockenmauern.

■ Monastery vineyard with dry masonry walls.

■ Vignoble du monastère avec murs de pierres sèches.

The Water System

The cultural landscape outside the abbey walls is one of grasslands, fields, orchards, quarries and terraced vineyards, which have all been shaped by the monks and the close connection to the monastery. The historical water management system was laid out starting in the 12th century. It was essential for everyday life in the monastery and served the monks with water for either liturgical or domestic purposes. Additionally, it was centrally important for the irrigation and drainage of the fields, grasslands and gardens, for creating fishing ponds and the running of the monastery mill. To this day it still shapes the landscape in the vicinity of the monastery. Even if the 17 lakes and trenches of several kilometres that once existed are no longer immediately visible, they still belong to one of the most extensive and best-preserved Cistercian water systems.

Le système de gestion hydraulique

À l'extérieur des murs d'enceinte, le paysage culturel alentour porte lui aussi l'empreinte des moines. Avec ses prairies, ses champs, ses vergers, ses carrières et ses vignobles en terrasses, il s'inscrit dans un étroit lien fonctionnel avec le monastère. Le système historique de gestion hydraulique est développé à partir du XIIe siècle. Ce système est alors d'une importance capitale pour assurer le bon fonctionnement du domaine monastique et l'approvisionnement des moines en eau, que ce soit pour leurs besoins liturgiques ou domestiques. Il joue également un rôle central pour l'irrigation et le drainage des champs, prairies et jardins ainsi que pour la création de viviers à poissons et l'exploitation du moulin claustral. Son impact sur le paysage environnant est clairement perceptible encore aujourd'hui. Même si les 17 étangs et les kilomètres de canaux qu'il comptait à l'origine ne sont plus toujours aisément repérables au premier coup d'œil, il n'en reste pas moins qu'il s'agit de l'un des systèmes hydrauliques cisterciens les plus complets et les mieux préservés jusqu'à nos jours.

■ Graben des Wassersystems im Wald.

■ Trench of the water system in the forest.

■ Ancien canal relié au système hydraulique dans la forêt.

Kontinuität und Wandel

Im Nachgang des Augsburger Religionsfriedens von 1555 erließ Herzog Christoph von Württemberg im Juli 1556 eine neue Klosterordnung, in deren Folge die Männerklöster oft in Klosterschulen umgewandelt wurden. Auch in Maulbronn wurde zu dieser Zeit eine Schule eingerichtet, die 1806 zum bis heute bestehenden Evangelischen Seminar, einem staatlichem Gymnasium mit kirchlichem Internat, umgewandelt wurde. Die schulische Nutzung kann damit inzwischen auf eine über 450-jährige Tradition zurückblicken. Zu seinen berühmtesten Schülern zählen Johannes Kepler, Friedrich Hölderlin und Hermann Hesse.

Den Ansprüchen an eine qualitativ hochwertige und zeitgemäße Schulnutzung im Weltkulturerbe gerecht zu werden, stellte alle Beteiligten gerade in den letzten Jahren vor große Herausforderungen. Die Räume in der ehemaligen Klausur, im Jagdschloss und in der Klostermühle wurden z.B. als Schlaf- und Wohnräume für die Schüler eingerichtet.

Continuity and Change

After the Religious Peace of Augsburg from 1555, Duke Christoph of Württemberg decreed a restructuring of the monasteries in July 1556, in which the men's abbeys were often transformed into religious schools. Also in Maulbronn, a school was established, and the current protestant seminary can be traced back to a 450-year tradition. Some of the most famous pupils include Johannes Kepler, Friedrich Hölderlin and Hermann Hesse.

Meeting the demands of creating a high qualilty and up-to-date school within a World Heritage Site has been a challenge for all parties involved over the years. The rooms in the former buildings, in the hunting lodge and in the monastery mill have been, for example, turned into the sleeping and living quarters of the school's pupils.

Continuité et changement

Après la paix de religion d'Augsbourg en 1555, le duc Christoph de Wurtemberg promulgue, en juillet 1556, une nouvelle règle suite à laquelle de nombreux monastères masculins sont transformés en écoles monastiques. À Maulbronn également, une école voit le jour à cette époque. En 1806, cette école monastique est à son tour transformée en un séminaire protestant constitué d'un lycée public et d'un internat, lequel est encore en activité aujourd'hui. L'exploitation scolaire du site se fonde dès lors sur une tradition vieille de plus de 450 ans. L'astronome Johannes Kepler, le poète Friedrich Hölderlin et l'écrivain Hermann Hesse comptent parmi ses élèves les plus célèbres.

Notamment ces dernières années, la nécessité de satisfaire à la fois à toutes les exigences de qualité et de modernité imposées vis-à-vis d'une exploitation scolaire ainsi qu'aux exigences du patrimoine mondial a constitué un défi de taille pour toutes les parties impliquées. Par exemple, les bâtiments faisant partie de l'ancienne clôture, le relais de chasse ainsi que le moulin claustral ont été aménagés en chambres et en espaces de vie pour les élèves.

■ Der ehemalige Marstall beherbergt das Rathaus.

■ The former horse stables, now city hall.

■ Les anciennes écuries abritent désormais la mairie.

■ Eindrucksvolle Dachlandschaft von Maulbronn.   ■ The impressive rooftops of Maulbronn.   ■ Superbe vue sur les toitures de Maulbronn.

Schutz und Pflege – eine Zukunft für das Wassersystem

Die denkmalgerechte Instandsetzung und Restaurierung bleibt daher eine Herausforderung, der sich das Landesamt für Denkmalpflege mit verschiedensten Fachgebieten sowohl der Archäologie als auch der Bau- und Kunstdenkmalpflege stellt. Seit mehreren Jahren wird zudem ein Schwerpunkt auf den Umgang mit der Kulturlandschaft, insbesondere dem Wasserbewirtschaftungssystem, außerhalb der Klostermauern gesetzt. Auf Basis der 2009 vorgelegten Kulturlandschaftsanalyse der Klosterlandschaft Maulbronn erfolgte in einem weiteren Schritt bis 2012 die Erarbeitung der Landschaftsplanerischen Gesamtperspektive Klosterlandschaft Maulbronn. In ihr sind u. a. die vorhandenen und wünschenswerten Projekte, die innerhalb der historischen Gemarkungsgrenze Maulbronn liegen, benannt, die zu einer Vernetzung, Erhaltung und Entwicklung der historischen Kulturlandschaft beitragen. In den Jahren 2014 bis 2016 erfolgte in einem Projekt eine detaillierte Bestandsaufnahme mit Hilfe von hochauflösenden Laserscans und Vor-Ort-Begehungen. Diese Arbeiten bilden die Grundlage für das derzeit entstehende Schutz-, Pflege- und Entwicklungskonzept für das historische Wassersystem, welches von einer interdisziplinären Arbeitsgruppe begleitet wird.

Protection and Care: A Future for the Water System

Appropriate repair and restoration remain, therefore, a challenge that is being met by the State Office for Cultural Heritage in various specialized areas, including in the field of archaeology as well as in the field of building and art preservation. For many years now, an additional focus has been on dealing with the cultural landscape, especially with the water management system beyond the monastery walls. Based on the 2009 cultural landscape analysis of the monastery lands of Maulbronn, a further step was taken in 2012, when an overall perspective concerning the planning of the monastic landscape of Maulbronn was prepared. This document amongst other things specifies existing and desired projects within the historical boundaries of Maulbronn that are supposed to contribute to linking, maintaining and developing the historical cultural landscape. Thus, in a project between 2014 and 2016, a detailed survey was carried out with the aid of high-resolution laser scans and on-site inspections. This work forms the basis for the current concept for protecting, caring and developing the historical water system, which is supported by an interdisciplinary task force.

Protection et entretien – un avenir pour le système hydraulique

La réhabilitation et la restauration du site dans le respect de son intégrité patrimoniale reste dès lors un défi de taille, auquel répond l'Office d'État des Patrimoines du Bade-Wurtemberg à l'aide de différentes spécialités liées aussi bien à l'archéologie qu'à la protection des monuments historiques et artistiques. Depuis un certain nombre d'années, une attention accrue est par ailleurs accordée à la gestion du paysage culturel environnant, et notamment du système de gestion hydraulique situé à l'extérieur des murs d'enceinte. Après une première analyse du paysage culturel rattaché au monastère de Maulbronn en 2009, l'aménagement du paysage claustral est ensuite pensé dans une perspective globale dans le cadre d'une seconde étape prolongée jusqu'en 2012. Cette perspective intègre notamment les projets existants – et souhaitables – à l'intérieur du territoire cadastral historique de la commune de Maulbronn et, s'inscrivant dans une logique de mise en réseau, les projets d'entretien et de développement du paysage culturel historique. Dans les années 2014 à 2016, un projet permettant un inventaire détaillé a pu être mis en œuvre à l'aide de balayages laser haute définition et de visites sur site. Ces travaux sont la base du concept de protection, d'entretien et de développement du système hydraulique historique qui est actuellement en cours d'élaboration avec l'appui d'un groupe de travail interdisciplinaire.

Kloster mit Klosterland-schaft von oben.

Monastery and surrounding landscape, aerial view.

Monastère avec paysage claustral environnant, vue aérienne.

Vermittlung und Fazit

Durch die kontinuierliche Nutzung als Schule und das Ausbleiben größerer Kriegsschäden ist Maulbronn eine der am besten erhaltenen Klosteranlagen nördlich der Alpen. Das macht sie zu einem archäologischen, bauhistorischen, künstlerischen und kulturellen Archiv, das auf eine lange Forschungstradition zurückblicken kann, aber auch in der Gegenwart nichts an Attraktivität eingebüßt hat. Beispielsweise begleiten Studierende und Doktoranden des Instituts für Europäische Kunstgeschichte der Universität Heidelberg bei verschiedenen Restaurierungs- und Instandsetzungsmaßnahmen die Arbeiten mit baugeschichtlichen und archivalischen Untersuchungen.

Die Geschichte der Klosteranlage sowie die Ergebnisse der Forschungen und baubegleitenden Dokumentationen fließen in die Ausstellungskonzeptionen in den Klostermuseen ein und werden so einer breiten Öffentlichkeit zugänglich gemacht. Dazu gehören das Infozentrum und Mu-

■ Brunnenhaus mit Fachwerkaufsatz der Renaissance.

■ Fountain House with half-timbered upper floor from the Renaissance.

■ *Lavatorium* rehaussé d'un chapiteau à colombages datant de la Renaissance.

seum in der Küferei, das Literaturmuseum, das Kloster-museum und das Lapidarium. Die Einrichtung eines Kindermuseums soll bis 2022 erfolgen. Ergänzt werden die Museen durch ein umfangreiches Führungsangebot und ein vielfältiges Kulturprogramm wie z. B. die jähr-lich stattfindenden Klosterkonzerte.

Die Welterbestätte Kloster Maulbronn blickt auf eine fast 900-jährige, bewegte Vergangenheit zurück. Die Spuren an Architektur und umgebender Kulturland-schaft reflektieren diese Geschichte. Für den Erhalt der Welterbestätte steht Maulbronn ein starkes und erprob-tes Netzwerk unterschiedlichster Partner zur Verfügung, das sich in bewährter Weise auch in Zukunft den Heraus-forderungen, die ein so komplexes und hochkarätiges Denkmal mit sich bringt, stellen wird.

Educational work and Conclusion

Through the continued use of the site as a school and the absence of significant war damage, Maulbronn is one of the best-preserved monastery complexes north of the Alps. This makes it an archaeological, architectural, artistic and cultural archive with a long research tradition that has lost nothing in terms of attractiveness in the present day. For example, students and doctoral candidates from the Institute for European Art History at the University of Heidelberg are able to undertake historic building and archival investigations during various restoration and renovation measures.

The history of the monastery complex and the results of research and building documentation work influence the concepts for exhibitions at the monastery museums, making the information available to the broader public. This involves the information centre and the museum in the cooperage, the literature museum, the monastery museum, and the lapidarium (for the housing of stone monuments). The development of a children's museum will follow by 2022. The museums will be complemented through an extensive programme of guided tours and a diverse cultural programme with, for example, the monastery concerts that occur annually.

The Maulbronn World Heritage Site can look back on an eventful past stretching back almost 900 years. The traces left in its architecture and surrounding cultural landscape reflect this history. The World Heritage Site "Maulbronn Monastery Complex" has a strong and tested network of partners that will steadily face the challenges of maintaining such a complex and high-profile heritage site, both now and in the future.

Sensibilisation publique et conclusion

Grâce à son utilisation continue en tant qu'établissement scolaire et à l'absence de gros dommages de guerre, l'abbaye de Maulbronn compte parmi les ensembles monastiques les mieux préservés au nord des Alpes. C'est précisément ce qui fait d'elle un précieux témoignage bénéficiant d'une longue tradition de recherche aux confins de l'archéologie, de l'histoire de l'architecture, de l'art et de la culture, et qui n'a rien perdu de son formidable attrait jusqu'à aujourd'hui. Par exemple, des étudiants et doctorants de l'Institut d'histoire de l'art européen de l'Université de Heidelberg accompagnent les travaux réalisés dans le cadre des mesures de restauration et de réhabilitation en procédant à des relevés architecturaux et à des analyses d'archives.

L'histoire du domaine monastique ainsi que les résultats des activités de recherche et des documentations relatives aux travaux effectués sont rendus accessibles à un large public par le biais des expositions proposées dans les musées du monastère : le centre d'information situé dans l'ancienne tonnellerie, le musée de la littérature, le musée du monastère et le musée lapidaire. L'ouverture d'un nouveau musée dédié aux enfants est par ailleurs prévue d'ici à 2022. L'offre des musées est complétée par un vaste programme de visites et d'activités culturelles, par exemple un festival de concerts qui a lieu chaque année.

Le site classé au patrimoine mondial du monastère de Maulbronn puise ses racines dans une histoire mouvementée de près de 900 ans. Les traces laissées par l'architecture et le paysage culturel environnant sont le reflet de cette histoire. Pour la conservation des lieux, Maulbronn peut compter sur un réseau fiable et performant de partenaires les plus variés afin de continuer à relever les défis multiples et complexes liés à un site d'une telle valeur universelle.

Die Klosterinsel Reichenau

The Monastic Island of Reichenau
L'île monastique de Reichenau

▶ Welterbe seit: 2000
▶ Charakter: religiös und kulturell bedeutendes Kloster in einzigartiger Kulturlandschaft mit drei romanischen Kirchen
▶ Datierung: 9. bis 11. Jahrhundert
▶ Lage: westlicher Bodensee

Mittelzell, Münster
St. Maria und Markus.

Mittelzell, the church
of St. Mary and Mark.

Mittelzell, eglise abbatiale
Sainte-Marie et Saint-Marc.

Die Klosterinsel Reichenau
wird Welterbestätte

Nicht nur wegen der landwirtschaftlichen Produkte, sondern vor allem auch wegen des ottonischen Malereizyklus in Oberzell erlangte die Reichenau Berühmtheit. Es ist jedoch die Summe mehrerer Faktoren, die den Ausschlag dafür gab, im Juni 1999 den Welterbe-Antrag bei der UNESCO einzureichen: Die herausragende Qualität der Kulturdenkmale, viele von besonderer Bedeutung, die sich eingebettet in eine über die Jahrhunderte gewachsene Kulturlandschaft bis heute erhalten haben.

Im frühen Mittelalter war das Benediktinerkloster Reichenau ein religiöses und politisch einflussreiches Zentrum von europäischem Rang, das nicht zuletzt von seiner besonderen geografischen Lage im Bodensee profitierte. Außergewöhnlich groß ist auf der Reichenau der Reichtum an historischer Bausubstanz, archäologischen Befunden und (hand)schriftlicher Überlieferung. Der Wandmalereizyklus in St. Georg stellt nördlich der Alpen die einzige vollständig erhaltene Kirchenausmalung aus der Zeit vor 1000 dar. Zu Ruhm gelangten nicht nur einzelne gelehrte Mönche wie etwa Walahfrid Strabo, sondern auch die Leistungen des Kunsthandwerks, die Werkstatt der Buchmalerschule und die wertvollen Bestände der Bibliothek. Bis 1757 nahm das Kloster die ganze Insel ein – dabei wurden von Anfang an weite Teile der Insel landwirtschaftlich genutzt. Die ca. 3 500 heutigen Inselbewohner, von denen eine große Zahl ihr Auskommen im Gemüseanbau und Tourismus hat, setzen in moderner Form die Tätigkeiten der weltlichen Klosterleute von einst fort. Sie tragen ebenso dazu bei, dass jahrhundertealte religiöse Traditionen, wie die Markusverehrung oder das Heilig-Blut-Fest, bis heute lebendig geblieben sind. Naturnahe, unter Landschaftsschutz stehende Uferbereiche und Schilfgürtel gehören darüber hinaus zum Erscheinungsbild der Insel. All diese Aspekte gaben den Ausschlag dafür, dass die ganze Insel von der UNESCO im Jahr 2000 als „Welterbestätte Klosterinsel Reichenau" mit dem sie umgebenden Bodensee als Pufferzone in die Welterbeliste eingetragen wurde. In ihrer

Gesamtheit stellt die Insel ein einzigartiges geschicht-lich-kulturelles Zeugnis dar.

The Monastic Island of Reichenau becomes a World Heritage Site

Reichenau is not just famous for its agricultural products, but above all for the Ottonian painting series in the church of St. George. It is, however, the sum of many factors that set the stage for the World Heritage application to UNESCO in June 1999: the outstanding quality and value of the cultural monuments, which are integrated within a cultural landscape that has grown over the centuries and is still preserved today.

In the Early Middle Ages, the Benedictine Monastery of Reichenau was a religious and politically influential centre of European importance, which profited not least because of its special geographical location on Lake Constance. There is an exceptional wealth of historical structures, as well as archaeological finds and (hand) written heritage on the island of Reichenau. The series of wall paintings in the church of S. George represents the only fully preserved church paintings north of the Alps from the time before the year 1000. Several monks, such as Walahfrid Strabo, achieved fame as intellectual scholars, while others became known as expert craftsmen. The workshop of the book illumination school and the valuable holdings of the library were also widely renowned. Up until 1757, the monastery occupied the entire island, and from the very beginning of the monastery the island was used for agricultural purposes. Today, the approximately 3500 island residents, a large number of whom make their living in vegetable cultivation and tourism, continue the activities of the secular members of the monastery community, but in a modern form. They also contribute to keeping alive the traditional religious celebrations, such as the Feast of St. Mark or the Holy-Blood Festival, even today. Pristine shore areas and reed belts protected under landscape preservation laws also belong to the visual appearance of the island. All of these aspects were the driving force behind UNESCO listing the whole island, with its natural buffer zone of Lake Constance, as the "Monastic Island of Reichenau World Heritage Site" in the year 2000. In its entirety, the island represents a unique testimony to history and culture.

L'inscription de l'île monastique de Reichenau au patrimoine mondial de l'UNESCO

L'île de Reichenau ne doit pas seulement sa célébrité à ses produits agricoles, mais aussi et surtout au superbe cycle de fresques ottoniennes qui ornent les murs de l'église Saint-Georges d'Oberzell. Pour autant, c'est la conjonction de plusieurs facteurs qui a été déterminante pour la demande d'inscription au patrimoine de l'UNESCO en juin 1999, à savoir : la qualité exceptionnelle des monuments historiques, nombre d'entre eux d'une importance remarquable, qui se sont intégrés et maintenus jusqu'à aujourd'hui dans un paysage culturel modelé au fil des siècles.

Au début du Moyen Âge, l'abbaye bénédictine de Reichenau était un influent centre religieux et politique d'envergure européenne qui profitait notamment de sa situation géographique privilégiée sur le lac de Constance. La richesse du patrimoine architectural historique, des vestiges archéologiques et des collections d'ouvrages (manuscrits) sur l'île est exceptionnelle. Le cycle de fresques murales d'Oberzell constitue l'unique exemple de peintures d'église antérieures à l'an 1000 à avoir été entièrement conservées au nord des Alpes. Outre l'influence de moines savants tels que Walafrid Strabon, ce sont également les succès de l'artisanat d'art, des illustres ateliers de l'école d'enluminure ainsi que les précieuses collections de la bibliothèque qui ont contribué à la renommée du site. Jusqu'en 1757, le monastère s'étendait sur la totalité de l'île – une grande partie de celle-ci ayant toujours été utilisée à des fins agricoles. Sur les quelque 3 500 habitants que compte l'île actuellement, nombre d'entre eux vivent de la culture maraîchère ou du tourisme et perpétuent, sous une forme moderne, les activités des anciens laïcs du monastère. Ils contribuent par ailleurs au maintien jusqu'à aujourd'hui de traditions religieuses remontant à plusieurs siècles, par exemple le culte de Saint-Marc ou la Fête du Sang Sacré. Un vaste réseau de berges naturelles et de roselières classées « site protégé » font également partie intégrante de l'identité de l'île. C'est la conjonction de tous ces aspects qui a finalement entraîné l'inscription de la totalité de l'île au patrimoine mondial de l'UNESCO en février 2000, le lac de Constance faisant quant à lui figure de zone tampon. Dans sa globalité, l'île constitue un témoignage historique et culturel exceptionnel.

besonders dem Wein als wertvollem und begehrtem Produkt kam ein hoher Stellenwert zu. In dieser Zeit begann sich das Erscheinungsbild der Klosterinsel auszuprägen. Trotz mittlerweile rückläufiger Zahlen von Mönchen wurde unter Abt Berno (1008–1048) an das Münster das monumentale romanische Westquerhaus mit seinen zweifarbigen Bogenlaibungen angebaut, um die wertvollen Markusreliquien aufzunehmen. Dieser Abt und der Mönch Hermann der Lahme traten zudem noch einmal durch große wissenschaftliche Verdienste in Erscheinung, ehe ab der zweiten Hälfte des 11. Jahrhunderts das Inselkloster allmählich seine Bedeutung einbüßte. Hinzu kam, dass 1235 ein verheerender Brand großen Schaden anrichtete.

Rise and Golden Period of the Monastery

The original monastery in Mittelzell was founded in 724 A.D. and was built of wood. After a very short period of time, it was transformed into a stone structure thanks to increasing numbers of monks contributing their possessions to the community. The cloister buildings, already large from the beginning, were situated close to the lakeshore, in contrast to their location today, north of the church. Library and scriptorium soon enjoyed supra-regional renown, and the monastery, only 100 years after its founding, became one of the most politically influential abbeys in the Empire of Charlemagne. The emperor called upon Abbot Waldo to act as messenger to Constantinople in order to gain recognition of his imperial title from the Byzantine Empire. The new monastery church on the island, built after 806, was probably the first in the Western world to have the type of crossing known as *ausgeschiedene Vierung* according to Byzantine design. The famous *St. Galler Klosterplan* (the Plan of St. Gall) was drawn in the scriptorium and is considered an idealized design plan for a medieval monastery. The monastery grew spatially as well. With the building of the church of St. Peter and Paul in Niederzell in 799 and the church of St. George in Oberzell in 896, the three sacred centres of the island had been created by the end of the 9th century. The open areas of the island, with its favourable climatic conditions, were increasingly used for agricultural purposes, especially in the production of wine that became well

Mittelzell – Aufstieg und Blütezeit des Klosters

Das ab dem Gründungsjahr 724 aus Holz errichtete Kloster in Mittelzell konnte nach kurzer Zeit einer soliden Steinkonstruktion weichen, da immer mehr Mönche ihren Besitz in die Gemeinschaft einbrachten. Die anfangs schon großen Klausurgebäude lagen dicht am Seeufer – im Gegensatz zu heute also nördlich der Kirche. Bibliothek und Skriptorium genossen bald überregionale Geltung und zugleich zählte knapp 100 Jahre nach seiner Gründung das Inselkloster zu den politisch einflussreichsten Abteien im Reich Karls des Großen. Der Herrscher berief Abt Waldo in eine Gesandtschaft nach Konstantinopel, die von Ostrom die Anerkennung seiner Kaiserwürde erwirken sollte. Die nach 806 neu erbaute Klosterkirche auf der Insel erhielt so vermutlich als erste der westlichen Welt eine „ausgeschiedene Vierung" nach byzantinischem Vorbild. Im Skriptorium entstand der berühmte St. Galler Klosterplan, der als Idealentwurf eines mittelalterlichen Klosters gilt. Auch räumlich wuchs das Kloster – mit der Errichtung der Kirche St. Peter und Paul 799 in Niederzell und der Georgskirche 896 in Oberzell waren bereits am Ende des 9. Jahrhunderts die drei sakralen Hauptzentren der Insel erschaffen. Die freien Flächen der klimatisch begünstigten Insel wurden zunehmend landwirtschaftlich genutzt –

Mittelzell, Münster, West-querhaus mit zweifarbigen Bogenlaibungen.

Mittelzell, church, western transept with two-coloured arched embrasures.

Église abbatiale de Mittel-zell, transept ouest avec ses intrados bicolores.

55

■ Münster von Allensbach
aus gesehen. Bischof
Pirmin setzte nach der
Legende 724 über und
gründete das Kloster.

■ Church seen from Allensbach. According to legend,
Bishop Pirmin came to
the island in 724 and
founded the monastery.

■ L'église abbatiale vue
d'Allensbach. Selon la
légende, l'évêque Pirmin
débarque sur l'île en 724
et y fonde le premier
monastère.

▶ known as a valuable and sought-after product. In this time period the visual appearance of the monastic island began to take shape. Despite a decrease in the numbers of monks, under Abbot Berno (1008–1048) the monumental Romanesque western transept with its two-toned arched embrasures was added to the main church, in order to house the precious relics of St. Mark. Abbot Berno and the monk Hermann der Lahme (Herman the Cripple) became known for their great scientific accomplishments, before the island monastery began losing in importance starting in the second half of the 11th century. Adding to this decline came the disastrous fire of 1235, which inflicted extensive damage on the monastery.

Mittelzell – ascension et apogée du monastère

Initialement fondé en 724, le premier monastère en bois édifié à Mittelzell peut rapidement être remplacé par une solide construction en pierre car de plus en plus de moines font don de leurs possessions à la communauté. Déjà imposants à cette époque, les bâtiments de clôture sont implantés à l'origine à proximité immédiate des rives du lac – et donc, contrairement à aujourd'hui, au nord de l'église. Très vite, la notoriété de la bibliothèque et du scriptorium dépasse les frontières de la région et près de 100 ans après sa fondation, le monastère compte parmi les abbayes les plus influentes sur le plan politique dans l'Empire de Charlemagne. À tel point d'ailleurs que le souverain envoie l'abbé Waldo en légation à Constantinople dans le but d'obtenir la reconnaissance de sa dignité impériale par la Rome orientale. Reconstruite après 806, la nouvelle église abbatiale est ainsi probablement la première du monde occidental à être pourvue d'une croisée régulière de plan carré définie par quatre arcs identiques (*ausgeschiedene Vierung*) selon le modèle byzantin. C'est dans le scriptorium qu'a par ailleurs été dessiné le célèbre plan de Saint-Gall, œuvre unique représentant le monastère médiéval idéal. En termes de spatialité également, le monastère s'élargit : avec la construction de l'église Saint-Pierre et Saint-Paul à Niederzell en 799 et de l'église Saint-Georges à Oberzell en 896, les trois grands pôles sacrés de l'île existent déjà à la fin du IXᵉ siècle. De plus en plus, les terres fertiles de l'île au climat privilégié sont utilisées à des fins agricoles – notamment le vin, considéré comme un produit précieux et convoité, se voit accorder une place importante. À cette époque, le visage de l'île monastique commence à se modeler. Malgré le recul du nombre de moines sous l'abbé Berno (1008–1048), le monumental transept ouest avec ses intrados bicolores est ajouté à l'église abbatiale Sainte-Marie et Saint-Marc afin d'accueillir les précieuses reliques de saint Marc. Cet abbé et le moine Hermann der Lahme (le Boiteux) s'illustrent encore également par de brillants travaux scientifiques avant que le monastère ne commence à perdre progressivement son importance à partir de la seconde moitié du XIᵉ siècle. En 1235, un terrible incendie vient encore accentuer ce recul d'influence en causant d'énormes dommages.

Die weltliche Gemeinde gewinnt an Bedeutung

Dafür bestimmten die überwiegend weltlichen Inselbewohner zunehmend das Leben auf der Reichenau. Eine steigende Zahl von Fischern, Bäckern, Köchen, Tuchwalkern und Rebbauern erhielten vom Kloster das Marktrecht, Steuervergünstigungen und am Südufer sogar einen eigenen Hafen zum Ausbau ihrer Handelsbeziehungen mit dem Festland. Für den Marktrichter, den Ammann, erbaute man im Ortskern ein erhabenes Dienstgebäude mit der noch heute sichtbaren Gerichtslinde davor. Nach einer kurzen Nachblüte unter Abt Friedrich von Wartenberg wurde das Kloster 1540 aufgrund finanzieller Engpässe, Begehrlichkeiten der Konstanzer Bischöfe und innerklösterlichen Zwists als Priorat in das Hochstift Konstanz eingegliedert. Die Fürstbischöfe ließen den Chor des Münsters einwölben und ausmalen und – im Stil der Frührenaissance – bis 1611 neue Klausurgebäude auf der Südseite der Kirche errichten. Heute sind darin die Gemeindeverwaltung und der Winzerverein untergebracht. Trotzdem war der politisch-kulturelle Niedergang des Klosters nicht mehr aufzuhalten. Stattdessen erblühte nun die Wallfahrt zu den wertvollen Reliquien – besonders nach der Rückkehr der Heilig-Blut-Reliquie 1737/38, die man im Dreißigjährigen Krieg im Schwarzwald in Sicherheit gebracht hatte. In den nächsten Jahrzehnten erfolgten in den Stiftskirchen Umbauten in der Formensprache des Barock.

Die Säkularisierung 1803–1805 brachte das endgültige Aus für die geistliche Herrschaft auf der Insel und die Reichenau hörte auf, eine „heilige Insel" zu sein, auf der keine Blutstrafen vollzogen und ungetaufte Kinder nicht bestattet werden durften. Unter der nunmehr weltlichen Obrigkeit konnten Bauern und Fischer sich durch Grunderwerb eine eigene Existenz aufbauen. Zusätzliche Einnahmen versprach der aufkommende Tourismus, der mit dem Dammbau, den neuen Bahnhaltepunkten auf dem Festland und per Dampfschiff Ausflüglern einen Besuch auf der Insel erleichterte. Das Interesse an der eigenen Geschichte war seit den Befreiungskriegen gegen Napoleon stark gewachsen und daher wurden Bildungsbeflissene ganz besonders durch die seit 1879 in St. Georg freigelegten Wandmalereien auf die Insel gelockt.

The secular community's rise in importance

The mostly secular inhabitants of the island increasingly began to determine the life on Reichenau. A growing number of fishermen, bakers, cooks, laundry workers and vineyard workers obtained from the monastery the right to sell their wares, as well as tax benefits and their own docks on the southern shore in order to expand their trade relationships with people from the mainland. A prestigious official building was put up for the mayor in the centre of town with the *Gerichtslinde* (court lime-tree) still visible in front of it today. After a late, but brief, creative outburst under Abbot Friedrich von Wartenberg, the monastery was assimilated as a priory into the Constance *Hochstift* (church district) in 1540 because of financial constraints, covetous desires of the bishops from Constance and inner-monastic disputes. The bishops had the choir in the Church of St. Mary and Mark refitted with arches and wall paintings and had new cloister buildings built on the south side of the church in the style of the Early Renaissance, completed by 1611. The municipal administration and the vintners' association are housed there today. Despite this, the political decline of the monastery could no longer be stopped. Instead, the island became increasingly important as a place for pilgrimages to the valuable relics. This was especially the case after the return of the Holy-Blood Relics in 1737–38 that had been housed in the Black Forest for safekeeping during the 30-Years War. In the following decades, alterations were made to the collegiate churches of St. George and St. Peter and Paul in the Baroque style.

The secularization of 1803–1805 brought the final end to the spiritual control of the island, making Reichenau no longer a "holy island" where executions could not take place and unbaptized children could not be buried. Now, under the secular authorities, the fishermen and farmers could expand their trades and build a livelihood through the buying of property. Additional revenues were promised through the growth of tourism, with the construction of the dam, the new train services on the mainland and the steam ship, all making a trip to the island easier for visitors. The interest in their own history greatly increased after the wars against Napoleon, with the more intellectually curious especially drawn to the island after the restoration of the wall paintings in the church of St. George after 1879.

La communauté séculière gagne en importance

La population séculière de l'île, majoritaire, gagne progressivement la main sur la destinée de l'île. Le monastère accorde à un nombre croissant de pêcheurs, de boulangers, de cuisiniers, de blanchisseurs et de vignerons non seulement le droit de tenir marché, mais aussi des avantages fiscaux, et même la possibilité d'avoir leur propre port sur la rive sud afin de faciliter leurs activités commerciales avec le continent. Pour le bailli, qui remplit également les fonctions de juge du marché, un édifice représentatif est érigé en plein cœur du village. Le tilleul de la justice planté à cette époque est d'ailleurs encore visible aujourd'hui. Après un bref regain d'influence sous l'abbé Friedrich von Wartenberg, le monastère est finalement rattaché en tant que prieuré à l'évêché de Constance en 1540 à la suite de difficultés financières, à la convoitise des évêques et à des dissensions internes. Les princes-évêques font orner le chœur de l'église abbatiale Sainte-Marie et Saint-Marc de voûtes et de fresques et, jusqu'en 1611, font édifier de nouveaux bâtiments de clôture – dans le style de la première Renaissance – sur son côté sud. Ces constructions abritent aujourd'hui les services de l'administration municipale ainsi que l'association des viticulteurs. Malgré ces efforts, le déclin politique et culturel du monastère est irrémédiable. Dans le même temps, les pèlerins commencent à affluer afin de vénérer les précieuses reliques conservées sur l'île – surtout après le retour en 1737/38 du reliquaire du Sang Sacré, lequel avait été mis en sécurité en Forêt-Noire pendant la guerre de Trente Ans. Dans les décennies qui suivent, les églises abbatiales font l'objet de diverses transformations dans le style baroque.

En 1803–1805, la sécularisation sonne la fin définitive de la domination spirituelle qui s'était établie sur l'île. Celle-ci perd son statut de « territoire sacré », sur lequel ne pouvait être exécutée aucune peine capitale ni être enterré aucun enfant non baptisé. Placés sous une autorité purement séculière, les paysans et les pêcheurs ont désormais le droit d'acquérir des terres pour se construire une existence. Facilité par la construction de la digue, l'ouverture de nouvelles stations ferroviaires sur le continent ainsi que la mise en place d'une flotte de bateaux à vapeur, le tourisme se développe peu à peu et ouvre la perspective de revenus supplémentaires. Dans le sillage d'une forte progression de l'intérêt pour l'histoire locale depuis les guerres de libération contre Napoléon, un nombre grandissant de visiteurs avides de savoir commencent alors à affluer sur l'île, et ce d'autant plus après la remise au jour des anciennes fresques de Saint-Georges en 1879.

🟨 Ausflugsziel Insel Reichenau – Ansichtskarte um 1920.

🟦 Tourist attraction, Reichenau Island, postcard from around 1920.

🟫 L'île de Reichenau en tant que destination touristique - carte postale datant de 1920 environ.

🟨 Mittelzell, Münster, 1555 von M. Weiß ausgemaltes Chorgewölbe.

🟦 Mittelzell, choir vault painted in 1555 by M. Weiss.

🟫 L'église abbatiale de Mittelzell, les voûtes du chœur peintes par M. Weiss en 1555.

Niederzell

Die Kirche St. Peter und Paul in Niederzell geht auf eine Stiftung des alamannischen Adligen Egino, Bischof von Verona, zurück. Nach seiner Vertreibung aus diesem Amt und der Rückkehr in die alte Heimat wurde sie auch seine Grablege. Diese erste, 799 geweihte Saalkirche ließ Abt Ekkehard von Nellenburg wegen starker Brandschäden ab 1080 abtragen und durch die heutige Kirche ersetzen. Als architektonische Besonderheit besitzt die dreischiffige Säulenbasilika kein Querhaus, sondern einen dreiteiligen Chor, der in Apsiden abschließt.

Anfang des 12. Jahrhunderts entstanden die seit ihrer Freilegung im Jahr 1900 wieder sichtbaren, allerdings über die Jahrhunderte schwer in Mitleidenschaft gezogenen Wandmalereien in der Hauptapsis. Eine fast 3 m große Darstellung der Maiestas Domini und Bildstreifen mit Aposteln und Propheten ziehen die Blicke auf sich. 1756/57 fand eine tiefgreifende Überformung im Stil des Rokoko statt: Neben einer Vergrößerung der Fenster wurde eine flache Stuckdecke mit Stichkappen eingezogen. Für den Gesamteindruck wurden die Wandbilder im Chor überputzt und die Apsisfläche erhielt eine Tünche.

Niederzell, St. Peter und Paul, Stiftskirche mit Pfarrhaus.

Niederzell, St. Peter and Paul, church with rectory.

Niederzell, Saint-Pierre et Saint-Paul, église collégiale avec presbytère.

Niederzell

The Church of St. Peter and Paul in Niederzell can be traced back to an endowment of the Alamannian noble, Egino, Bishop of Verona. After being forced from his position, the church also became his burial site. The original single-nave church, dedicated in 799, was torn down by Abbot Ekkehard von Nellenburg in 1080 after it suffered heavy fire damage, and was rebuilt into the present-day church. The three-nave basilica has the special architectural feature of not including a transept, but rather a three-part choir that concludes in apses.

Wall paintings, from the beginning of the 12th century, were uncovered in 1900 and are now visible in the main apse, though marked by the wear that has occurred over the centuries. An almost 3 m large depiction of the *Maiestas Domini* in the main apse, as well as bands of images showing the Apostles and Prophets, draw the eye's attention. An extensive re-structuring of the church took place in 1756–57 in the Rococo style, which included enlarging the windows and adding a flat, stuccoed ceiling with lunettes. The wall paintings in the choir were plastered over and the apse surface was whitewashed to complete the overall expression of the new style.

Niederzell

L'église Saint-Pierre et Saint-Paul de Niederzell remonte à une ancienne fondation établie par Égino, noble alémanique et évêque de Vérone. Après la révocation de ce dernier de ses fonctions épiscopales, l'église devient également son lieu de sépulture. Consacrée en 799, cette première église à nef unique est démolie dès l'an 1080 sur l'ordre de l'abbé Ekkehard von Nellenburg suite à d'importants dommages causés par des incendies, puis est remplacée par l'actuelle basilique à piliers dotée d'une nef à trois vaisseaux. La particularité architectonique de celle-ci tient au fait qu'elle ne comporte pas de transept, mais un chœur en trois parties qui s'achève en absides. Réalisées au début du XIIe siècle, les fresques murales de l'abside principale peuvent de nouveau être admirées depuis leur remise au jour en 1900, même si elles ont visiblement beaucoup souffert du passage du temps. Une représentation du Christ en gloire de près de 3 mètres ainsi que deux rangées d'apôtres et de prophètes attirent le regard. En 1756/57, l'édifice subit de profondes transformations en style rococo : outre l'élargissement des fenêtres, un plafond plat en stuc avec voûtains y est également intégré. Pour parfaire l'impression d'ensemble, les fresques murales ornant le chœur sont dissimulées sous une couche d'enduit et les surfaces des absides recouvertes d'un badigeon.

■ Niederzell, St. Peter und Paul, Mittelschiff und romanischer Chor.

■ Niederzell, St. Peter and Paul, central nave and Romanesque choir.

■ Niederzell, Saint-Pierre et Saint-Paul, nef centrale et chœur roman.

■ St. Georg. Mittelschiff mit dem ottonischen Wandbildzyklus.

■ St. George. Central nave with Ottonic wall painting series.

■ L'église Saint-Georges. Nef centrale avec son cycle de fresques ottoniennes.

Wegweisende Restaurierung

Zu Beginn der 1980er Jahre startete das Landesamt für Denkmalpflege ein wegen seiner zerstörungsfreien und systematischen Methodik bis heute richtungsweisendes Restaurierungsprojekt, das detailliert den Bestand der wertvollen Wandmalereien erfassen sollte, um ein auf das Objekt abgestimmtes Maßnahmenkonzept zu entwickeln. Die Ergebnisse wurden in photogrammetrische Übersichtspläne eingetragen, außerdem zog man in Einzelfragen Vertreter verschiedener Fachdisziplinen wie Statiker, Bauphysiker, Chemiker, Mikrobiologen und Klimatechniker zu Rate. Auf diese Weise entstand eine Dokumentation, die bis heute ständig fortgeschrieben wird.

Insgesamt ergaben sich dabei viele neue Einblicke in die wechselvolle Geschichte des zeitweise vollständig übertünchten ottonischen Malereizyklus. Bei der Freilegung 1879 waren die obersten pastosen Malschichten mit abgetragen worden. Den noch heute ablesbaren undeutlichen Gesamteindruck überdeckte man daher ab 1891 zunächst mit aufrollbaren Tapeten, die Kopien der Bildmotive zeigten. Die rahmenden Ornamente, Mäander und die Apostelfiguren wurden durch eine Übermalung „angeglichen". Im Gegensatz dazu zielt die heutige Denkmalauffassung auf eine Erhaltung der gesamten historisch gewachsenen Einheit.

Ground breaking Restorations

At the beginning of the 1980s, the State Office for Cultural Heritage began a restoration project of the valuable wall paintings. Due to its damage-free and systematic methods this has since become an exemplary guide for similar restoration works. The goal was to create a detailed assessment of the paintings and develop the proper measures specific to the subject matter. The data were entered into photogrammetrical, general plans of the artwork. Specialists, such as structural engineers, building physicists, chemists, microbiologists and climate technicians were also called in to respond to specific questions. A documentation of the paintings was thus initiated that has continuously been updated to this day.

Many new insights were attained into the rich history of the, at times, completely concealed Ottonian wall paintings. When uncovering the paintings in 1879, the upper painted layers were removed. The paintings, which even today provide a generally readable, although unclear, impression, were for some time covered up after 1891 with rollable wallpaper that showed copies of the images. The framing ornaments, meanders and the figures of the Apostles were "adjusted" with a re-painting over the originals. In contrast, the present-day protective measures are targeted at preserving the entire historically evolved unity of the paintings.

Un projet de restauration novateur

Au début des années 1980, l'Office d'État des Patrimoines du Bade-Wurtemberg lança un projet de restauration qui, compte tenu du caractère non-destructif et systématique de sa méthodologie, apparaît aujourd'hui encore comme particulièrement novateur. Ce projet se proposait de dresser un inventaire détaillé des précieuses fresques afin d'élaborer un programme de mesures parfaitement adapté à cet héritage unique. Les résultats ont été consignés sur des plans d'ensemble photogrammétriques et, pour le traitement qualifié des questions spécifiques, il a été fait appel à des représentants de diverses disciplines spécialisées, notamment des experts en statique, des ingénieurs du bâtiment, des chimistes, des microbiologistes et des techniciens en génie climatique. Une documentation qui est encore actualisée en continu jusqu'à aujourd'hui a ainsi pu voir le jour.

Globalement, ce projet a permis d'ouvrir nombre de perspectives nouvelles sur l'histoire mouvementée de ces fresques ottoniennes, lesquelles ont parfois traversé le temps intégralement masquées sous une couche de badigeon. Lors de la remise au jour des fresques en 1879, les couches supérieures, constituées de matières picturales pâteuses, n'avaient pas pu être préservées. Afin de remédier à cette impression globale de manque de netteté qui se perçoit encore aujourd'hui, les fresques furent d'abord recouvertes, en 1891, de bandes de papier peint à dérouler reprenant les copies des motifs picturaux. Les encadrements ornementaux, les méandres et les figures d'apôtres furent pour leur part « réajustés » par des retouches de peinture. Contrairement aux usages de l'époque, la restauration moderne s'attache aujourd'hui à préserver l'unité globale des différents éléments historiques apportés au cours des siècles.

Begleitung der Welterbestätte

Die Landesdenkmalpflege mit ihren verschiedenen Arbeitsbereichen trägt seit langem zur Bewahrung des auf der Insel reichhaltig erhaltenen Kulturguts bei. Die Kirchen und Klosteranlagen und weitere zehn Gebäude sind als „Kulturdenkmale von besonderer Bedeutung" nach dem baden-württembergischen Denkmalschutzgesetz (§ 12) in das Denkmalbuch eingetragen. Zwei Kernbereiche des Welterbes in Mittelzell und Niederzell sind als Gesamtanlagen (§ 19) unter Schutz gestellt. Über 70 weitere Objekte haben ebenfalls den Status eines Kulturdenkmals (§ 2). Fast die gesamte Insel Reichenau ist außerdem Landschaftsschutzgebiet, hinzu kommt das Naturschutzgebiet „Ried-Gießen" am Nordufer der Insel zwischen Mittelzell und Niederzell. Gleichzeitig ist die Landesdenkmalpflege bestrebt, auch den Erwartungen der einzelnen Partner auf der Insel (Gemeindeverwaltung, Tourismus, Kirche, Bevölkerung, Landwirtschaft) gerecht zu werden. Konzentrierte sich die denkmalpflegerische Arbeit und der Schutzgedanke bis in die

Das Ammanhaus mit neuem Informationszentrum in Mittelzell.

The Ammanhouse with the new information centre in Mittelzell.

L'Ammanhaus (kursiv) avec le centre d'information à Mittelzell.

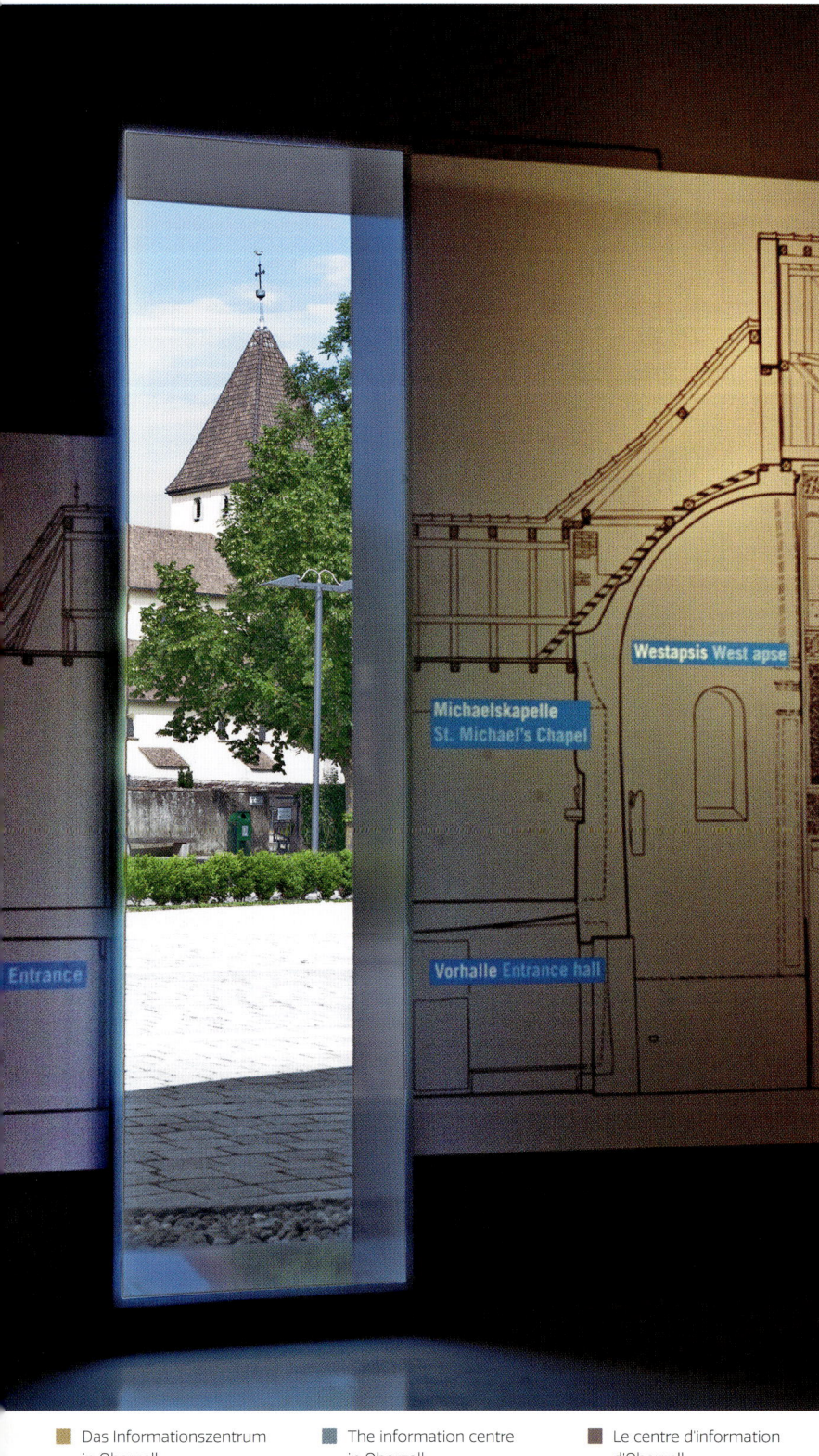

■ Das Informationszentrum in Oberzell.　■ The information centre in Oberzell.　■ Le centre d'information d'Oberzell.

▶ 1990er Jahre auf die Erforschung und Pflege der Denkmale, so rückte seit der Bewerbung der Reichenau als UNESCO-Welterbe das gesamte kulturlandschaftliche Gefüge der Insel in den Mittelpunkt. Wie an kaum einem anderen Ort wird 1 000-jährige Geschichte hier anschaulich gemacht und in Führungen und den drei über die Insel verteilten Informationszentren den Besuchern vermittelt. Regelmäßig stattfindende Monitoringmaßnahmen wachen über den Erhaltungszustand der Welterbestätte. Im Sommer greifen in St. Georg Maßnahmen zur „Besucherlenkung", um die Belastung des Bauwerks durch die Besucherströme zu mindern. Dem Wunsch der Inselbewohner nach dem eigenen „Häusle" begegnet die Verwaltung mit einem verbindlichen Entwicklungskonzept, das zukünftige Entfaltungsmöglichkeiten definiert und begrenzt. Es trägt mit dazu bei, die zentralen Bestandteile der Welterbestätte und ihr Umfeld dauerhaft zu schützen und Freiflächen, Grünzäsuren und Sichtbeziehungen auf der Insel wie auch ihre Wahrnehmung von außen zu bewahren.

Wer seinen Besuch auf der Reichenau jetzt abschließt, hat nicht nur herausragende Monumente gesehen, sondern ist eingetaucht in die Welt des Mittelalters mit religiösen und landwirtschaftlichen Traditionen, die bis heute lebendig geblieben sind. Wie an kaum einem anderen Ort nördlich der Alpen kann man sich davon auf der Klosterinsel Reichenau überzeugen.

Partners of the World Heritage Site

The State Office of Cultural Heritage with its various departments has been contributing for a long time to maintaining the cultural heritage of the island. The churches, the monastery complex and another 10 buildings are considered "cultural monuments of particular importance," according to § 12 of the heritage protection law in Baden-Württemberg, and documented, according to law, in the State Book of Monuments. Two core areas of the World Heritage Site in Mittelzell and Niederzell are placed under protection as complete units (§ 19). Over 70 other objects also carry the status of cultural monument (§ 2). Almost the entire island of Reichenau is a protected landscape as well, including the nature reserve of "Ried-Gießen" on the north shore of the island between Mittelzell and Niederzell. At the same time, the State Office of Cultural Heritage strives to satisfy the expectations of the individual partners on the island, such as within the municipal administration, tourism, the Church, as well as the island inhabitants and agricultural interests. Up until the 1990s, heritage and preservation work was concentrated on research and care of the monuments. However, since the application process nominating Reichenau to the UNESCO World Heritage List, the entire cultural landscape of the island has taken on central importance in preservation and conservation. At almost no other place is it possible to see 1000 years of history so accessible to the visitor, through guided tours and three information centres distributed across the island. Regular controls monitor the state of preservation of the World Heritage Site. In the summer, measures have been implemented to control the number of tourists within St. George to minimize the stress to the building through so many people. In order to satisfy the wishes of the island inhabitants for their own "place," the administration has worked out a binding development concept that both defines and limits future development opportunities. The development concept is also contributing to protecting the central elements of the World Heritage Site in the long term and to maintaining the open spaces, green corridors and open views of the island as well as its perception from the outside.

Anyone ending a trip to Reichenau will come away having seen not only exceptional monuments, but will also be leaving with the feeling of having been dropped into the world of the Middle Ages with its religious and agricultural traditions which still remain even today. In this regard, hardly any other place north of the Alps compares to the Monastic Island of Reichenau.

Accompagnement du site patrimonial

S'appuyant sur toute une palette de disciplines, le travail de conservation du patrimoine du land de Bade-Wurtemberg contribue depuis longtemps à la sauvegarde de ce précieux héritage culturel encore magnifiquement préservé sur l'île. Les églises, les bâtiments claustraux ainsi que dix autres édifices sont inscrits au registre des monuments historiques au titre de « monuments historiques de valeur exceptionnelle » en vertu de la Loi

sur la protection des monuments culturels du land de Bade-Wurtemberg (§ 12). À Mittelzell et à Niederzell, deux secteurs clés du site sont protégés au titre d'ensembles architecturaux (§ 19). Plus de 70 autres éléments bénéficient par ailleurs du statut de monument historique (§ 2). La quasi-totalité de l'île de Reichenau est en outre classée site protégé, ce à quoi vient s'ajouter la réserve naturelle « Ried-Gießen » sur la rive nord de l'île, entre Mittelzell et Niederzell. Dans le même temps, la stratégie de conservation du patrimoine du land de Bade-Wurtemberg vise également à satisfaire les attentes des différents partenaires impliqués sur l'île (administration communale, tourisme, Église, population, agriculture). Alors que le travail de conservation et le souci de protection se concentraient, jusque dans les années 1990, sur les activités de recherches et sur l'entretien des monuments, l'attention porte désormais, depuis la candidature de Reichenau au patrimoine mondial de l'UNESCO, sur l'intégralité du paysage culturel de l'île considéré dans son ensemble. Rares sont aujourd'hui les lieux capables d'illustrer 1 000 ans d'histoire de manière aussi saisissante, notamment au travers d'un vaste programme de visites guidées et de trois centres d'information répartis sur l'île. Des mesures de suivi régulières permettent de surveiller l'état de conservation du site. En été, un dispositif destiné à gérer les flux de visiteurs dans l'église Saint-Georges est mis en place afin de réduire les nuisances pour le monument. Quant au souhait des habitants de l'île de disposer de leur propre toit, l'administration communale y répond en s'appuyant sur un concept de développement contraignant qui définit et limite les possibilités d'extension urbaine. Ce concept contribue non seulement à la protection pérenne des éléments centraux du site et de l'espace alentour, mais également au maintien des surfaces non construites, des lisières vertes et des rapports visuels tant internes que depuis l'extérieur.

Outre la découverte de monuments d'une valeur exceptionnelle, les visiteurs de l'île monastique de Reichenau sont également invités à plonger dans l'univers fascinant du Moyen Âge, avec des traditions religieuses et agricoles qui ont pu se perpétuer jusqu'à aujourd'hui. Au nord des Alpes, très peu d'endroits offrent encore cette chance.

Obergermanisch-Raetischer Limes

The Upper German-Raetian Limes

Le *limes* germano-rhétique

- ▶ Welterbe seit: 2005; eigenständiger Teil des Welterbes „Grenzen des Römischen Reiches"
- ▶ Charakter: ein außergewöhnliches Beispiel für die Militärarchitektur und Bauweise im Römischen Reich
- ▶ Datierung: 2. bis Mitte 3. Jahrhundert n. Chr.
- ▶ Lage: nordöstliches Baden-Württemberg

- ▶ World Heritage Site since: 2005, a discrete section of the World Heritage site "Frontiers of the Roman Empire"
- ▶ Character: an exceptional example of military architecture and construction methods in the Roman Empire
- ▶ Date: 2nd – mid 3rd century B.C.
- ▶ Location: northeastern Baden-Württemberg

- ▶ Patrimoine mondial depuis : 2005 ; partie intégrante autonome bien patrimoine mondial « Frontières de l'Empire romain »
- ▶ Caractéristique : exemple exceptionnel de l'architecture militaire et des techniques de construction employées dans l'Empire romain
- ▶ Datation : du IIe au milieu du IIIe siècle après J.-C.
- ▶ Situation géographique : nord-est du Bade-Wurtemberg

Von der Idee zur Antragstellung

Der Limes, die Grenze des Römischen Reiches zwischen Rhein und Donau während der Glanzzeit der römischen Kaiser im 2. bis 3. Jahrhundert nach Christus, gehört zu den größten archäologischen Denkmälern der Welt. Das Aufeinandertreffen von Römern und Germanen in Verbindung mit der Schaffung einer künstlichen Grenzanlage war für die weitere Entwicklung Mitteleuropas prägend. Die Idee des Bundeslandes Hessen, der UNESCO den Limes als Welterbe vorzuschlagen, wurde von Baden-Württemberg, Bayern und Rheinland-Pfalz, die ebenfalls über Limesanteile verfügen, 1996 begeistert aufgenommen. Man fasste den Beschluss, die Nominierung auf die letzte Ausbaustufe des Obergermanisch-Raetischen Limes zu beschränken, die das weiteste Ausgreifen Roms auf die Gebiete östlich des Rheins und nördlich der Donau in den Provinzen Obergermanien und Raetien markierte. Dieser Zustand wurde kurz nach der Mitte des 2. Jahrhunderts unter dem römischen Kaiser Antoninus Pius erreicht.

From Idea to Application

The German Limes marked the border of the Roman Empire between the Rhine and the Danube during the golden age of the Roman Caesars from the 1st to the 3rd centuries A.D. As such it belongs to one of the greatest archaeological monuments in the world. The encounter between the Romans and the Germanic peoples, in combination with the creation of a man-made border, shaped the further development of Central Europe. The proposal from the State of Hesse that the Limes be named a World Heritage Site by UNESCO was also enthusiastically taken up in 1996 by the states of Baden-Württemberg, Bavaria and Rhineland-Palatinate, all of which have parts of the Limes within their borders. It was decided the nomination should be limited to the last expansion stage of the Upper German-Raetian Limes, which marked the farthest extent of Rome's power in the regions east of the Rhine and north of the Danube, in the provinces of Upper Germania and Raetia. This stage of conquest was attained shortly after the middle of the 2nd century A.D: under Emperor Antonius Pius

De l'idée à la candidature

Le *limes* germano-rhétique, qui matérialise la frontière de l'Empire romain entre le Rhin et le Danube aux IIe et IIIe siècles après J.-C., soit à l'apogée de la puissance des empereurs romains, compte parmi les monuments archéologiques les plus imposants au monde. Associée à la construction de cette barrière artificielle, la relation entre les Romains et les Germains a marqué de son empreinte l'évolution future de l'Europe centrale. En 1996, l'idée du land fédéral de Hesse de proposer l'inscription du *limes* au patrimoine mondial de l'UNESCO est accueillie avec enthousiasme par le Bade-Wurtemberg, la Bavière et la Rhénanie-Palatinat, lesquels disposent également sur leur territoire de tronçons du *limes*. Il est décidé de restreindre la nomination à la dernière phase d'extension du *limes* germano-rhétique, qui correspond à la progression maximale de Rome à l'est du Rhin et au nord du Danube, dans les provinces de Germanie supérieure et de Rhétie. Cette avancée a eu lieu peu après le milieu du IIe siècle, sous le règne de l'empereur romain Antonin le Pieux.

Umfangreiche Vorarbeiten

Der Limes musste auf seiner gesamten Länge von 550 km innerhalb Deutschlands begangen werden, um das Erscheinungsbild des Denkmals in Wort und Bild zu dokumentieren. Außerdem erfolgte eine zeitgemäße kartographische Verortung aller Limesanlagen anhand des aktuellen Forschungsstandes. Dabei handelte es sich um die erste große Revision des Limes nach dem Abschluss der grundlegenden Ersterfassung durch die Reichs-Limeskommission Ende des 19. und Anfang des 20. Jahrhunderts. Zahlreiche Entdeckungen und bemerkenswerte Beobachtungen während dieser Arbeitsphase haben der Limesforschung neue Impulse gegeben. Ein speziell erarbeiteter Managementplan mit den Richtlinien für Schutz, Vermittlung und Forschung regelt den künftigen Umgang mit dem Bodendenkmal Limes. Für alle Anrainer des Welterbes bildet er den Leitfaden für die denkmalverträgliche Nutzung sowie die denkmalgerechte Entwicklung.

Extensive Preliminary Work

The German Limes needed to be inspected in its entirety, 550 km of it being within Germany, in order to document the appearance of the monument in words and images. Furthermore, based on the current state of research, an up-to-date mapping of the physical location of the entire Limes site was undertaken. It represented the first, large re-examination of the German Limes since the completion of the initial recording by the *Reichs-Limeskommission* (Imperial Limes Commission) at the end of the 19th century and early part of the 20th century. Numerous discoveries and noteworthy observations during this phase of work gave new incentives for research into the German Limes. A specially developed management plan with guidelines for protection, communication and research will direct future work on the Limes archaeological site. For all residents along the monument, the management plan helps guide appropriate use as well as development of a heritage site.

D'importants travaux préliminaires

Afin de pouvoir documenter l'apparence du *limes* en textes et en images, il s'avère nécessaire, dans un premier temps, de parcourir la totalité de son tracé en Allemagne sur une longueur de 550 km. Un relevé cartographique de tous les aménagements associés au *limes*, qui prend appui sur les méthodes et l'état actuels de la recherche, est également réalisé. Il s'agit alors de la première grande inspection du *limes* depuis son recensement complet par la Commission impériale sur le *limes* entre la fin du XIXᵉ et le début du XXᵉ siècle. Grâce aux nombreuses découvertes et aux précieuses observations qui ont été faites pendant cette phase de travail, la recherche sur le *limes* a pu bénéficier de nouvelles impulsions. La gestion future du *limes* en tant que monument archéologique est définie dans un plan spécifique, fixant les directives à suivre en matière de protection, de médiation et de recherche. Pour tous les territoires riverains de ce patrimoine mondial, le plan de gestion fait office de fil conducteur, capable d'assurer la mise en place d'une stratégie durable d'exploitation et de préservation en conformité avec son statut de monument historique.

Aktuelle Kulturlandschaft im Raum Mainhardt mit Limesverlauf (gestrichelt).

The ancient course of the Limes and the current cultural landscape around Mainhardt (dotted line).

Paysage culturel actuel dans la région de Mainhardt avec tracé de *limes* (en pointillé).

Moderner Grenzstein
für den Limes. Limes-
park Rainau.

Modern border stone
marking the Limes.
Limes Park, Rainau.

Borne moderne pour
indiquer le *limes*.
Limespark de Rainau.

Neue Idee und Erfolg

Im Jahr 2001 wurde von einer Gruppe britischer und deutscher Archäologen beschlossen, entgegen der bestehenden Planung für den Obergermanisch-Raetischen Limes keinen eigenen Platz auf der Welterbeliste zu beantragen, sondern das seit 1987 bestehende Welterbe „Hadrian's Wall", den berühmten Abschnitt der Grenze des Römischen Reiches in Nordengland, weiterer Aspiranten gegenüber zu öffnen. Unter einem einzigen Listenpatz auf der UNESCO-Welterbeliste mit dem Titel „Frontiers of the Roman Empire" können sich an diesem gemeinsamen Welterbe nunmehr alle Nationen beteiligen, die über Anteile der Grenze des Römischen Reiches aus dem 2. und 3. Jahrhundert verfügen. Der Antrag für den obergermanisch-raetischen Abschnitt wurde während der 29. Sitzung des Welterbekomitees in Durban, Südafrika, verhandelt und am 15. Juli 2005 positiv beschieden.

New Idea and Success

In 2001 a group of British and German archaeologists decided not to pursue the plan for the Upper German-Raetian Limes to receive its own place on the World Heritage List, but to work towards making it possible for candidates to become part of the existing World Heritage site of Hadrian's Wall. The World Heritage site of Hadrian's Wall is a famous section of the border of the Roman Empire in Northern England, and has been an official site since 1987. As a result, all nations that had parts of the Roman border from the 2nd and 3rd centuries could be part of the Heritage Monument under one heading on the UNESCO World Heritage List entitled "Frontiers of the Roman Empire." The application for the Upper German-Raetian section to join the existing World Heritage site received a positive response during the 29th meeting of the World Heritage Committee in Durban, South Africa, on the 15th of July, 2005.

Nouvelle idée et succès de l'inscription

Contrairement au projet initial, un groupe d'archéologues britanniques et allemands décident, en 2011, de renoncer à cette candidature spécifique pour le *limes* germano-rhétique et, en lieu et place, d'étendre l'inscription du bien « Mur d'Hadrien », ce célèbre tronçon de l'ancienne frontière de l'Empire romain s'étirant au nord de l'Angleterre et figurant sur la liste du patrimoine mondial depuis 1987, en l'ouvrant à d'autres aspirants. Au moyen de cette inscription unique sur la liste du patrimoine mondial sous le titre « Frontières de l'empire romain », tous les pays disposant sur leur territoire d'un ou plusieurs tronçons du *limes*, datés des IIe et IIIe siècles après J.-C., sont invités à participer au projet de candidature. La demande relative au tronçon des provinces de Germanie supérieure et de Rhétie est négociée lors de la 29e session du Comité du patrimoine mondial à Durban, en Afrique du Sud, et validée le 15 juillet 2005.

■ Teil des UNESCO-Welterbes: Hadrianswall in England.

■ One of the UNESCO World Heritage Sites: Hadrian's Wall, England.

■ Un des sites du patrimoine mondial : le mur d'Hadrien en Grande-Bretagne.

Kulturscheide zwischen der mediterranen Hochkultur und dem germanischen Barbaricum

Der Limes mit seinen Sperranlagen, Türmen und Kastellen war keine uneinnehmbare Barriere, sondern ein Instrument der Kontrolle. Nur an den offiziellen Durchgängen sollten Germanen, aber auch römische Soldaten oder Kaufleute den Limes passieren. Daher gab es nicht nur Sperren, sondern auch – wenn auch wenige – Tore mit Zugangswegen auf beiden Seiten. So erhielt das imposante Bauwerk Bedeutung gleichermaßen als politische Trennlinie wie Kontaktzone, die Annäherung und Austausch fokussierte. Damit spielte der Limes eine gewichtige Rolle im Aufeinandertreffen von Römern und Germanen. Unter seinem Schutz entfaltete sich am Rande der römischen Welt eine Kulturlandschaft nach südlichem Vorbild. Architektur in bislang unbekannter Form und Funktion, Erschließung durch Straßen, bauliche Gestaltung und politische Organisation des Raums, aber auch die materielle Kultur entfalteten eine enorme Wirkung. Das Land der Germanen blieb von dieser Entwicklung weitgehend ausgeschlossen, womit der Limes zum Symbol eines gewaltigen Kulturgefälles wurde. Das Spannungsverhältnis zwischen beiden Kulturen prägte die weitere politische und kulturelle Entwicklung Europas maßgeblich.

Cultural border between the Mediterranean and the Germanic peoples

The German Limes with its physical barriers, towers and forts was not an impregnable barrier, but rather an instrument of control. Only through official passages could the Germanic or Non-Romanized people, as well as Roman soldiers or traders pass through the Limes. It consisted not only of barriers, but of gates with passageways as well, though these were few in number. The imposing structure was both a political division and contact zone that focused on meeting and exchange. The Limes, therefore, played an important role in furthering the coming together of Romanized and non-Romanized peoples. Under its protection, a cultural landscape, which followed a southern model, unfolded on the periphery of the Roman world. New types of architecture with new forms and functions, the development of road networks, of building construction and political organization of space, as well as material culture, all had an enormous impact on the contact regions. The lands of the Germanic peoples remained for the most part excluded from this development, making the Limes into the symbol of a powerful cultural divide. The tense relationship between both cultures decisively shaped the further political and cultural development of Europe.

Limite de différenciation culturelle entre la civilisation méditerranéenne et le *barbaricum* germanique

Avec son système linéaire fortifié, ses tours de guet et ses camps d'auxiliaires, le *limes* n'est pas une barrière imprenable mais, d'abord et surtout, un instrument de contrôle. Non seulement les Germains, mais également les soldats romains et les commerçants ne sont autorisés à le traverser qu'aux points de passage officiels. Le *limes* est donc également muni de – quelques – portes auxquelles mènent des routes d'un côté comme de l'autre. L'imposant monument acquiert ainsi une signification aussi bien en tant que séparation politique qu'en tant que zone de contact s'inscrivant dans une optique de rapprochement et d'échanges. Il joue dès lors un rôle essentiel dans la relation entre les Romains et les Germains. Sous sa protection, un paysage culturel inspiré du sud de l'Empire peut s'épanouir à la lisière du monde romain. L'apparition de formes et de fonctions architecturales jusqu'ici inconnues, l'ouverture des espaces au moyen de routes, la construction d'ouvrages et l'organisation politique des territoires, mais aussi le développement de la culture matérielle auront un impact considérable sur l'avenir de ces régions. Les terres germaniques ne sont en revanche pratiquement pas touchées par ces évolutions, ce qui fait du *limes* le symbole d'un énorme fossé culturel entre les deux mondes. Les rapports de tension qui s'établissent entre les deux cultures marqueront profondément le futur développement politique et culturel du continent européen.

■ Römische Thermen am Limes. Kastell Schwäbisch Gmünd „Schirenhof".

■ Roman thermal baths at the Limes. Fort Schirenhof, Schwäbisch Gmund.

■ Thermes romains sur le *limes*. Camp d'auxiliaires de Schwäbisch Gmünd « Schirenhof ».

Zeugnis der imperialen Politik Roms

Im Limes wird das machtpolitische und administrative Ausgreifen des römischen Staates sichtbar. Er zeugt vom Willen Roms, die Welt zu beherrschen und römische Gesetze und Kultur in ihren unterschiedlichsten Erscheinungsformen zu etablieren. Die dichte Besiedlung hinter dem Limes beförderte die Ausbreitung römischer Kultur am Rande der antiken Welt. Innenpolitisch sollte die Barriere für alle unübersehbar die Sorge der römischen Kaiser für ihre Untertanen im Reich demonstrieren.

Testimony of the imperial politics of Rome

The Limes made the political and administrative expansion of the Roman state visible. It testified to Rome's will to rule the world and establish Roman law and culture in its many manifestations. The dense settlement behind the Limes promoted the spread of Roman culture on the periphery of the ancient world. On a domestic political level, the barrier should demonstrate unmistakably the concern of the Roman emperors for all their subjects in the empire.

Témoignage de la politique impériale de Rome

Le *limes* matérialise l'extension de Empire romain en matière de pouvoir administratif et politique. Il démontre la volonté de Rome de dominer le monde et d'imposer ses lois et sa culture dans leurs manifestations les plus diverses. La densité des populations de l'autre côté du *limes* favorise la propagation de la culture romaine dans ces confins du monde antique. Sur le plan de la politique intérieure, il doit permettre de montrer à tous, de manière claire et manifeste, le souci des empereurs romains pour la sécurité de leurs sujets.

Paradehelme der römischen Reiterei.

Roman cavalry parade helmet.

Casques de parade de la cavalerie romaine.

Kaiser Mark Aurel. Kopie
einer antiken Bronzestatue.
Limesmuseum Aalen.

Roman Emperor Marcus
Aurelius. Copy of an
antique bronze statue.

Empereur Marc Aurèle.
Copie d'une statue de
bronze antique.

Dokument meisterhafter Vermessungskunst

Der Limes gilt als herausragendes Beispiel von Militärarchitektur, die selbstverständlich auch in Verbindung mit repräsentativen Absichten stand. Deutlich wird die Fähigkeit der Römer, auf die besondere Topographie und die politischen, militärischen und sozialen Bedingungen im Nordwesten des Reiches Rücksicht zu nehmen. Der geradlinige Verlauf vieler Limesabschnitte, die mit außerordentlicher Präzision trassiert wurden, stellt ein besonderes Phänomen dar. Der 80 km lange Abschnitt zwischen Walldürn und Alfdorf in Baden-Württemberg bildet dabei das Meisterstück. Noch heute prägen die Spuren des Limes unsere Kulturlandschaft und nicht selten haben dic über weite Strecken erkennbaren Spuren der Sperranlagen immer noch Bedeutung als Flurgrenzen. Ein Beispiel dafür findet sich im Raum Mainhardt.

A Document for the masterful art of survey

The Limes serves as an exceptional example of military architecture, representing of course other intentions as well. The Romans' ability to consider the particularities of topography and the political, military and social conditions in its empire in the northwest is clear. The linear course of many sections of the Limes, which were laid out with amazing precision, represents a unique phenomenon. The section between Walldürn and Altdorf in Baden-Württemberg, stretching 80 km in length, represents a masterpiece in planning and building. Even today the traces of the Limes shape the cultural landscape. It is not unusual for recognizable traces of the barrier to still act as field borders today. An example for this is found in the surroundings of the *Dalkinger Limestor* (Limes Gate at Dalkingen).

■ Der Limesgraben südlich von Welzheim.

■ Trench along the Limes, south of Welzheim.

■ Fossé du *limes* au sud de Welzheim.

Le témoignage d'une parfaite maîtrise de l'art de l'arpentage

Le *limes* est considéré comme un parfait exemple d'une architecture militaire qui, bien entendu, obéit aussi étroitement à des intentions représentatives. La capacité des Romains à tenir compte de la topographie et des conditions politiques, militaires et sociales propres aux régions situées au nord-ouest de leur empire est ici particulièrement tangible. D'une précision exceptionnelle, le tracé rectiligne de nombreuses parties du *limes* constitue notamment une particularité remarquable. Long de 80 km, le tronçon qui relie Walldürn et Alfdorf, dans le Bade-Wurtemberg, représente une pièce maîtresse à cet égard. Aujourd'hui encore, le *limes* imprime ses marques sur notre paysage culturel et il n'est pas rare que ses traces, parfois perceptibles sur des kilomètres, servent de délimitation cadastrale. C'est par exemple le cas aux environs de la porte de Dalkingen.

■ Limestor Dalkingen, Wahrzeichen des Welterbes.

■ The Dalkingen Gate, symbol of the world heritage site.

■ Porte du *limes* à Dalkingen, symbole du patrimoine mondial.

Der Limes in Baden-Württemberg: Dimensionen und Besonderheiten

164 km des Welterbes „Grenzen des Römischen Reiches" entfallen auf Baden-Württemberg, wobei die Kernzone der Welterbestätte einen quer durch das Land laufenden Streifen mit zusammengerechnet einer Fläche von gut 7 km² umfasst. 30 Städte und Gemeinden in sechs Landkreisen haben Anteil am Welterbe. Im Odenwald, in der Hohenloher Ebene, im Schwäbisch-Fränkischen Wald und im Vorland der Schwäbischen Alb finden sich die Spuren des Limes in reizvollen Landschaften unterschiedlichen Charakters. Neben den Resten der linearen Sperranlangen (Palisaden, Graben-Wall-Anlagen, Mauern) sind nach aktuellem Forschungsstand auch rund 340 Wachttürme zur lückenlosen Überwachung des Limes sowie 17 Kastelle und 14 Kleinkastelle zur Unterkunft der römischen Soldaten Teil der Kernzone des Welterbes in Baden-Württemberg. Baden-Württemberg verfügt über Anteile am Obergermanischen Limes (101 km), der während der letzten Bauphase mit Wall und Graben als Ersatz für die ursprüngliche

Holzpalisade ausgestattet war sowie am Raetischen Limes (63 km), wo statt Wall und Graben im letzten Ausbauzustand eine Mauer errichtet wurde. Die innere Grenze zwischen den Provinzen Obergermanien und Raetien traf im Rotenbachtal zwischen Lorch und Schwäbisch Gmünd auf den Limes. Dort beginnt auch die Mauer. Der Mauerkopf an der Nahtstelle zum Obergermanischen Limes wurde nach Ausgrabungen in seinen untersten Mauerlagen wieder sichtbar gemacht. Das Fragment eines Altares, das hier gefunden wurde, ist als Nachbildung ebenfalls zu sehen. Der Altar war sehr wahrscheinlich den *fines*, den Grenzgottheiten, geweiht. Aufgrund des Standorts ist anzunehmen, dass sich der Altar auf die innerrömische Grenze zwischen den beiden Provinzen bezog.

Über eine weitere einzigartige Besonderheit verfügt Baden-Württemberg im Limesabschnitt zwischen Osterburken-Bofsheim und der Jagst. Hier wurde die Wirkung von Graben und Wall auf rund 18 km Länge durch eine Mauer verstärkt. Der Limesnachbau bei Osterburken vermittelt einen Eindruck vom antiken Erscheinungsbild dieser besonderen Konstellation.

The Limes in Baden-Württemberg: Dimensions and Special Features

A total of 164 km of the World Heritage Site "Frontiers of the Roman Empire" falls within Baden-Württemberg. The core area of the heritage site runs across the state, covering an area of over 7 km². Thirty cities and municipalities in six administrative districts have a share in the World Heritage Site. In the Forest of Odes, on the Hohenlohe Plateau, in the Swabian-Franconian Forest and in the foothills of the Swabian Jura there are traces of the Limes in beautiful landscapes of varying character. Besides the remains of the linear barrier construction (palisades, ditch-and-rampart-systems stonewalls) there are, according to current research, also approximately 340 watchtowers creating an unbroken line of surveillance along the Limes, as well as 17 forts and 14 fortlets for the Roman soldiers. These are all part of the core area of the World Heritage Site in Baden-Württemberg, which holds sections of the Upper Germania Limes (101 km) that underwent a refitting of the original wood palisades with rampart and ditch during the final building phase. The Raetian Limes (63 km) experienced the same refitting; however, here the palisade was replaced with a defensive wall in the final building expansion. The interior border between the provinces of Upper Germania and Raetia lay in the Rotenbach Valley between Lorch and Schwäbisch Gmünd on the Limes. This is also where the defensive wall begins. The wall at the juncture to the Upper Germanic Limes was made visible again after excavations in its lower levels. A reproduction of the fragment of an altar uncovered here can also be seen. The altar was most likely dedicated to the *fines* i.e. gods protecting borders. Due to the location it can be assumed that the altar referred to the interior Roman border between the provinces. Baden-Württemberg's portion of the Limes has another unique attraction, in the section between the town of Osterburken-Bofsheim and the Jagst River. Here, for a length of about 18 km, the impact of the rampart and ditch was strengthened by the addition of a wall. The Limes reconstruction at Osterburken provides a visual impression of what this unique combination of features may have looked like in antiquity.

Le *limes* dans le Bade-Wurtemberg : dimensions et particularités

Au total, le Bade-Wurtemberg compte 164 km du patrimoine mondial « Frontières de l'Empire romain » sous la forme d'un couloir d'une surface totale de plus de 7 km², qui s'étire d'un bout à l'autre du land. 30 villes et communes réparties dans six circonscriptions sont parties prenantes de ce précieux patrimoine. Dans de magnifiques paysages variés et riches en contrastes, les traces du *limes* traversent le massif de l'Odenwald, la plaine de Hohenlohe, la forêt de Souabe-Franconie et les contreforts du Jura souabe. Outre les vestiges du système linéaire fortifié (palissades, remparts et fossés, murs de pierres), les recherches les plus récentes ont également recensé environ 340 tours de guet assurant la surveillance ininterrompue du *limes* ainsi que 17 camps d'auxiliaires et 14 petits camps d'auxiliaires, dans lesquels étaient hébergés les soldats romains. Le Bade-Wurtemberg dispose de 101 km de *limes* de Germanie supérieure, dont les palissades initiales en bois ont été remplacées par un système de rempart en terre et de fossé au cours de sa dernière phase de construction, ainsi que de 63 km de *limes* de Rhétie, où, *in fine*, un mur en pierre a été construit en lieu et place du précédent système de rempart en terre et de fossé. Entre Lorch et Schwäbisch Gmünd, la vallée de la Rotenbach marque la frontière interne entre les provinces de Germanie supérieure et de Rhétie. C'est là également que le mur en pierre du *limes* rhétique prend son point de départ. Les fouilles réalisées à cet endroit ont permis de présenter *in situ* les premières assises de la tête du mur. La réplique d'un fragment d'autel, provenant des mêmes fouilles, y est également exposée. L'autel était très vraisemblablement consacré aux *Fines*, autrement dit les divinités protectrices des frontières. Compte tenu de son emplacement, il est très probable qu'il se rapportait à la frontière entre les deux provinces romaines. Sur le tronçon du *limes* assurant la jonction entre Osterburken-Bofsheim et la rivière Jagst, le Bade-Wurtemberg présente également une autre particularité remarquable : sur une longueur de 18 km environ, la protection qui était déjà assurée par un rempart en terre avec fossé y a été doublée a posteriori par un mur de pierres. Dans la région d'Osterburken, la reconstitution du *limes* sur ce tronçon donne un aperçu de cette constellation singulière.

Sperranlagen

Die Kernzone der Welterbestätte bildet in der Regel ein etwa 30 m breiter Streifen, der die archäologischen Überreste aller linearen Sperranlagen enthält. In landwirtschaftlich genutztem Gelände sind durch Pflugeinsatz über einen langen Zeitraum und gezielte Einebnungen fast alle oberirdischen Spuren verschwunden. Gelegentlich lebt die Sperranlage noch als Grundstücksgrenze fort und ist als Weg, Ackerrain oder Waldrand nachvollziehbar. Dank ausgedehnter Wälder haben sich aber auch über größere Strecken Wall und Graben, wenn auch abgeflacht, erhalten. Besonders eindrucksvoll sind die Abschnitte im Hergenstadter Wald bei Adelsheim, am Pfahldöbel bei Zweiflingen und im Schwäbisch-Fränkischen Wald zwischen Pfedelbach und Lorch. Am Raetischen Limes ist die Mauer zuweilen noch als Schuttwall im Landschaftsbild präsent, beispielsweise im Grubenholz bei Mögglingen. Sehenswerte Rekonstruktionen der Sperranlagen befinden sich außer an den bereits genannten Orten z. B. bei Walldürn, Welzheim oder in Rainau. Besondere Erwähnung verdient die einmalige Limesrekonstruktion von Großerlach-Grab: Die Nachbauten von Graben/Wall, Palisade und Steinturm befinden sich in einer Waldschneise, die ebenfalls Teil der Rekonstruktion ist – um den Limes in Waldgebieten überwachen zu können, mussten die Römer eine Schneise schlagen.

The Barrier Constructions

The core zone of the World Heritage Site generally forms an approximately 30-m wide strip of land that includes the archaeological remains of all the linear barrier constructions. Through agricultural activities, soil cultivation and the levelling of surfaces over long periods of time, almost all above-ground remains have disappeared. Once in a while the barrier constructions are still used as borders between properties and as paths, margins of fields or borders of forests. Thanks to the spread of forests there are large stretches of the rampart and ditch that are still preserved, though flattened here as well. Especially impressive are the sections in the Hergenstadt Forest at Adelsheim, at the Pfahldöbel near Zweiflingen and in the Swabian-Franconian Forest between Pfedelbach and Lorch. At times, the wall on the

◼ Wachtturm mit hölzernem Oberbau. Limespark Rainau.

◼ Watchtower with upper wooden structure. Angabe Limespark.

Tour de guet avec superstructure en bois.
Limespark de Rainau.

Raetian Limes is still part of the landscape as a line of rubble, such as in the Grubenholz Forest at Mögglingen. Reconstructions of the barrier construction that are well worth seeing can also be found at, for example, Walldürn, Welzheim or in Rainau. The unique Limes reconstruction from Großerlach-Grab is also worth mentioning: The reconstruction of rampart and ditch, palisade and stone tower are found in a forest aisle that is also part of the reconstruction. The Romans needed to clear an aisle in the forested areas in order to maintain visibility.

Le système de fortification linéaire

Pour l'essentiel, l'axe principal du *limes* se présente sous la forme d'un couloir d'environ 30 mètres de large qui renferme les vestiges des diverses structures linéaires. Dans les zones agricoles, le passage répété de la charrue au cours des siècles ainsi que des mesures ciblées de nivellement des sols ont fait disparaître la quasi-totalité des traces superficielles. Le tracé est encore perceptible ici ou là sous forme de limite entre deux parcelles, de chemin de terre ou de lisière de forêt. Mais grâce à la présence de vastes étendues boisées, d'importants tronçons du rempart en terre et du fossé ont pu être préservés, bien qu'ils soient arasés. À cet égard, le segment situé près d'Adelsheim dans la forêt de Hergenstadt, le tronçon dit du « Pfahldöbel » près de Zweiflingen et celui reliant Pfedelbach et Lorch, dans la forêt de Souabe-Franconie, sont particulièrement impressionnants. Sur le *limes* rhétique, le mur en pierre est parfois encore présent dans le paysage à l'état d'éboulis, par exemple dans le petit bois du « Grubenholz » près de Mögglingen. D'autres endroits recèlent également de remarquables reconstructions du *limes*, par exemple les environs de Walldürn, Welzheim ou Rainau. Unique en son genre, la reconstruction à Großerlach-Grab est particulièrement digne d'intérêt : l'ensemble rempart/fossé, la palissade en bois et la tour de pierre qui y ont été reconstitués s'intègrent dans une large percée opérée dans la forêt en tant que composante à part entière du projet de reconstruction. Afin de pouvoir assurer la surveillance du *limes* d'une tour à l'autre dans les zones boisées, les Romains étaient contraints de dégager la vue en ouvrant des trouées dans les forêts.

Wachttürme

Nicht nur die Türme selbst sind relevant, sondern auch deren Umfeld. Dieses wurde von den Turmbesatzungen intensiv genutzt, etwa zum Bau von Backöfen und Vorratskellern oder Ställen für Kleinvieh.

In den Wäldern mit ihren guten Erhaltungsbedingungen finden sich noch häufig Schutthügel, in denen die Fundamente der Türme erhalten sind. Nicht selten wurden diese ausgegraben und konserviert, beispielsweise bei Murrhardt. Einige Türme wurden sogar vollständig rekonstruiert, manche an Ort und Stelle, andere in der Nachbarschaft zum Originalstandort wie die Türme von Mainhardt, Lorch oder Rainau-Schwabsberg. Alle Türme waren von rechteckigem, fast quadratischem Grundriss, mit einer Ausnahme: dem sechseckigen Turm bei Pfedelbach, der bis heute zu Diskussionen Anlass gibt.

Watchtowers

It is not only the towers that are relevant, but the areas around them as well. They were intensely used by the inhabitants of towers, for the building of baking ovens and for supply cellars or stalls for small livestock.

In the woods, where there are good conditions for preservation, mounds of rubble are often found, within which the foundations of the towers are preserved. These are often excavated and conserved, such as at Murrhardt. Some towers have been fully reconstructed, several exactly where the rubble was found, and some in areas neighbouring the original location, such as the towers at Mainhardt, Lorch or Rainau-Schwabsberg. All the towers were rectangular, or almost square, in their ground plan, with one exception: the six-cornered tower at Pfedelbach, a construction which is still the topic of discussion today.

Les tours de guet

Outre les tours en elles-mêmes, leurs environs immédiats revêtent également une importance, majeure car ils faisaient l'objet d'une exploitation intensive par les soldats en garnison, par exemple pour la construction de fours, de celliers ou d'abris pour le petit bétail.

Les forêts offrant de bonnes conditions de conservation, il n'est pas rare de pouvoir encore y trouver des monticules de pierres sous lesquels se cachent les fondations des anciennes tours. Souvent, celles-ci ont été exhumées et soumises à des mesures conservatoires, par exemple dans la région de Murrhardt. Certaines tours ont même été entièrement reconstruites, parfois *in situ*, d'autres à proximité de leur emplacement d'origine comme celles de Mainhardt, de Lorch ou de Rainau-Schwabsberg. Toutes les tours étaient élevées sur un plan rectangulaire presque carré. Objet de discussions jusqu'à nos jours, une tour hexagonale, située près de Pfedelbach, constitue la seule exception.

■ Eine Besonderheit:
Der Sechseckturm bei Pfedelbach.

■ A particularity:
The hexagonal tower near Pfedelbach.

■ Un cas particulier :
la tour hexagonale près de Pfedelbach.

■ Gut erhaltene Ruinen eines Limesturmes „Die Römer-schanze" Murrhardt-Siegelsberg, im Wald.

■ Well-preserved ruins of the "Römerschanze," a Limes tower in the forest at Murrhardt-Siegelsberg.

■ Les ruines de la tour de guet « Die Römerschanze » sont encore en bon état de conservation, Murrhardt-Siegelsberg, zone forestière.

Kleinkastelle

Hier ist im Umfeld der Anlagen auch mit kleineren Siedlungen, sogenannten Lagerdörfern, zu rechnen. Gut belegt ist dies im Fall des Kleinkastells Haselburg bei Walldürn, wo es auch einen Limesübergang mit Tor gegeben hat. Die winzige Siedlung außerhalb des Keinkastells Freimühle unweit Schwäbisch Gmünd besaß sogar ihr eigenes Badegebäude. Noch heute sichtbare Kleinkastelle sind z. B. Hönehaus bei Buchen sowie Rötelsee bei Welzheim.

Fortlets

Small settlements, the so-called camp villages, are to be expected even in the area around the small fortlets. This is well documented in the case of the fortlet Haselburg at Walldürn, where there was also a Limes checkpoint with gate. The tiny settlement outside of the fortlet Freimühle, not far from Schwäbisch Gmünd, even had its own bathhouse. Some fortlets are visible even today, for example, Hönehaus at Buchen as well as Rötelsee at Welzheim.

Les petits camps d'auxiliaires

À proximité immédiate de ces fortifications, de petits sites d'habitat prenant l'aspect de villages ou de bourgs *(vici)* pouvaient voir le jour. L'existence d'une telle implantation est par exemple bien établie dans le cas du petit camp de Haselburg, près de Walldürn, où le *limes* pouvait également être franchi au moyen d'une porte. Près du petit camp de Freimühle, dans la région de Schwäbisch Gmünd, la minuscule agglomération qui s'était constituée disposait même de ses propres bains. Parmi les petits camps encore visibles aujourd'hui figurent par exemple celui de Hönehaus près de Buchen ou celui de Rötelsee près de Welzheim.

◼ Das ausgegrabene Kleinkastell Welzheim-Rötelsee.

◼ The exposed fortlet at Welzheim-Rötelsee.

◼ Le petit camp d'auxiliaires fouillé de Welzheim-Rötelsee.

Kastelle

Die normalen Kastelle, d. h. die befestigten Kasernen der Grenztruppen, waren meist zwischen 2 und 4 ha groß. Aalen mit einer Ausdehnung von 6 ha ist die Ausnahme. Untrennbar verbunden mit den Kastellen waren die ausgedehnten zivilen Siedlungen in deren Umfeld, die soweit sinnvoll ebenfalls in die Kernzone der Welterbestätte integriert sind. Diese sogenannten Lagerdörfer umfassten Wohnbebauung, Werkstätten, Läden, Badegebäude, Heiligtümer, Tempel, Gräberfelder, gelegentlich sogar Amphitheater, wobei in Baden-Württemberg eine solche Anlage noch nicht entdeckt werden konnte. Baulich markant sind vor allem die Bäder, die nach Ausgrabungen mehrfach mit ihren untersten Mauerlagen sichtbar erhalten werden konnten.

In den Kastellen waren Einheiten des römischen Grenzheeres stationiert, sogenannte Hilfstruppen (*auxilia*), gegliedert in kleine Einheiten mit etwa 150 Soldaten (*numeri*: Walldürn, Osterburken-Annexkastell, Westernbach, Öhringen-Ost, Welzheim-Ost, Halheim), 500 Mann starke, teilweise berittene Einheiten (*cohortes*: Osterburken, Jagsthausen, Öhringen-West, Mainhardt, Murrhardt, Lorch, Schwäbisch Gmünd-Schirenhof, Böbingen, Buch) und Reitergeschwader (*alae*), entweder 500 (Welzheim-West) oder 1000 Mann umfassend. Letzteres gab es nur in Aalen, dem nicht nur flächenmäßig größten Kastell am Obergermanisch-Raetischen Limes. Von fast allen Kastellen sind heute obertägig Spuren sichtbar, angefangen bei sanften Geländewellen über originalen, nicht ausgegrabenen Überresten, z. B. in Walldürn, bis hin zu konservierten Fundamenten oder rekonstruierten Gebäuden. Zunehmend spielen auch virtuelle 3D-Modelle eine wichtige Rolle.

Ein einzigartiges Denkmal liegt am Limes bei Rainau, das sogenannte Limestor Dalkingen. Einen einfachen hölzernen Durchgang baute man zunächst zu einer Art Zollstation in Stein aus. Diesem wurde nachträglich eine Prunkfassade in der Form eines Triumphbogens vorgeblendet. Dies geschah vermutlich zu Ehren des Kaisers Caracalla, der im Jahre 213 nach Christus anlässlich eines Feldzuges persönlich den raetischen Limes überschritten hatte. Später wurde hier vielleicht sogar ein Tempel für den Kaiserkult angelegt. Der 2010 über der wohlerhaltenen antiken Ruine errichtete Schutzbau bietet spektakuläre und fotogene Architektur, die das Limestor Dalkingen zum Zugpferd für den Limestourismus in Deutschland werden ließ.

Forts

The normal forts, meaning the fortified barracks for border troops, were mostly between 2 and 4 ha (approx. 5–10 acres) in size. Aalen with a size of 6 ha (little less that 15 acres) is the exception. Inseparable from the forts are the extended civilian settlements in their vicinity that are integrated, as much as possible, into the core zone of the World Heritage Site. These so-called camp villages encompassed housing structures, workshops, stores, bathhouses, shrines, temples, burial grounds, sometimes even an amphitheatre, although such a structure has yet to be uncovered in Baden-Württemberg. Most striking in terms of construction are the baths. They were uncovered during excavations that made the lowest part of their walls visible.

Units were stationed in the forts from the Roman border army: the so-called *Auxilia*, divided into small units (*Numeri*) with some 150 soldiers (Walldürn, Osterburken-Annexkastell, Westernbach, Öhringen-Ost, Welzheim-Ost, Halheim); 500-man *Cohorts*, partly on horseback (Osterburken, Jagsthausen, Öhringen-West, Mainhardt, Murrhardt, Lorch, Schwäbisch Gmünd-Schirenhof, Böbingen, Buch), and cavalry units (*Alae*) with either 500 (Welzheim-West) or 1000 men. The latter group was only in Aalen, the largest fort on the Upper German-Raetian Limes and not only by surface

■ Modell des römischen Aalen. Limes Museum Aalen.

■ Model of Roman Aalen. Limes Museum, Aalen.

■ Modèle réduit d'Aalen à l'époque romaine. Musée du *limes* à Aalen.

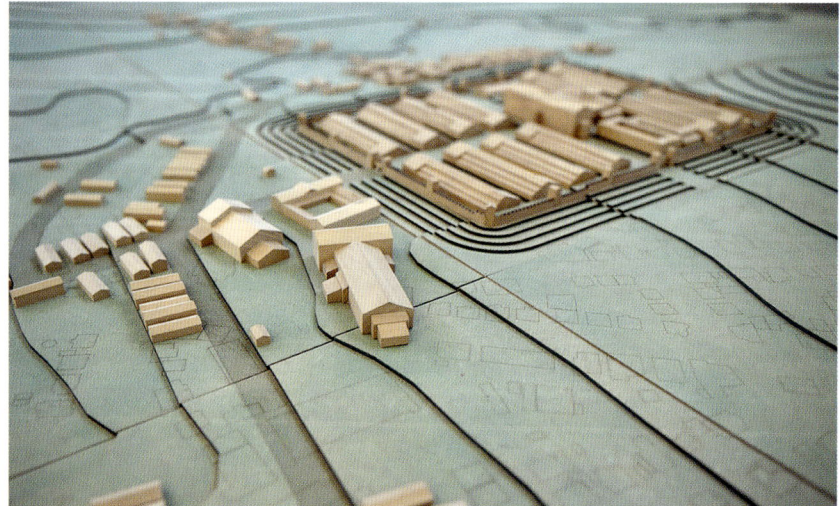

area. Today, there are visible traces above ground of all the forts, including gently undulating surface features over original unexcavated remains, such as in Walldürn, or conserved foundations or reconstructed buildings. Increasingly, virtual three-dimensional models are playing an important role in visualizing the structures.

A unique monument is situated on the Limes at Rainau, known as the Limestor Dalkingen. A simple wooden passage was rebuilt, in stone, into a kind of customs post. This was then later given a more pompous façade in the form of a triumphal arch, probably to honour Emperer Caracalla, who personally took part in a military campaign, crossing the Raetian Limes in 213 A.D. Later there was probably a temple created here in his name as part of the Imperial cult. The protective structure built in 2010 over the well-preserved ruin offers spectacular and photogenic architecture, making the Limestor Dalkingen the principle attraction for tourists along the German Limes.

Les camps d'auxiliaires

Ces camps qui abritaient les casernements des troupes d'auxiliaires en garnison avaient la plupart du temps une superficie de 2 à 4 hectares. Avec une surface de 6 hectares, Aalen constitue une exception. En relation directe avec les camps d'auxiliaires, de vastes agglomérations civiles pouvaient se développer à proximité de ces derniers. Chaque fois que cela a été jugé utile et opportun, ces établissements civils ont d'ailleurs été intégrés dans le patrimoine mondial. Ces *vici* pouvaient intégrer aussi bien des habitations que des ateliers, des boutiques et échoppes, des thermes, des sanctuaires, des temples, des cimetières, et même parfois des amphithéâtres, bien qu'aucun de ces derniers n'ait pu être découvert à ce jour dans le Bade-Wurtemberg. En termes de construction, les établissements de bains se distinguent par leur architecture particulièrement marquée. Nombre d'entre eux ont pu être exhumés avec des soubassements

Das Freigelände des Kastells Welzheim-Ost.

The grounds around the fort at Welzheim-Ost.

Site du camp d'auxiliaires de Welzheim-Est.

Wieder aufgebautes Haupttor des Kastells Welzheim-Ost.

Reconstructed main gateway of the fort at Welzheim-Ost.

Porte principale reconstruite du camp d'auxiliaires de Welzheim-Est.

▶ de murs encore préservés et sont visibles depuis en l'état.

Dans ces camps étaient stationnées les unités de l'armée romaine chargées du contrôle des frontières. Ces troupes d'auxiliaires (*auxilia*) étaient organisées en entités : les auxiliaires d'infanterie pouvaient compter environ 150 soldats (*numeri* : Walldürn, Osterburken-Annexkastell, Westernbach, Öhringen-Est, Welzheim-Est, Halheim), ou 500 soldats dont quelques cavaliers (*cohortes* : Osterburken, Jagsthausen, Öhringen-Ouest,

Mainhardt, Murrhardt, Lorch, Schwäbisch Gmünd-Schirenhof, Böbingen, Buch) ; les escadrons de cavalerie (*alae*) comptaient 500 (Welzheim-Ouest) ou 1 000 hommes. La seule aile milliaire était stationnée dans le camp d'Aalen, lequel est également le plus grand du *limes* germano-rhétique. Aujourd'hui, la quasi-totalité des camps d'auxiliaires sont encore visibles sous forme de traces hors-sol, ces dernières pouvant aller de douces ondulations de terrain au-dessus de vestiges encore enfouis, comme par exemple à Walldürn, jusqu'à des

fondations soigneusement conservées, voire des édifices reconstruits. Le rôle des modèles 3D est lui aussi de plus en plus déterminant.

Près de Rainau, la porte dite « de Dalkingen » constitue un monument unique en son genre sur le *limes*. Ce qui était à l'origine une simple ouverture dans la palissade en bois a d'abord été transformé en une sorte de poste douanier en pierre. Celui-ci a ensuite été revêtu d'une façade d'apparat en forme d'arc de triomphe, très probablement en l'honneur de l'empereur Caracalla,

lequel avait traversé en personne le *limes* rhétique en 213 après J.-C. à l'occasion d'une campagne militaire. Il est même possible qu'un temple dédié au culte de l'empereur y ait également été édifié. Construit en 2010, l'abri de protection qui recouvre désormais la superbe ruine antique offre une architecture particulièrement spectaculaire et photogénique, faisant de la porte de Dalkingen la locomotive du tourisme lié au *limes* en Allemagne.

Das Limesinformationszentrum – Ansprechpartner und Koordinator

Im Rahmen des Antragsverfahrens wurde am 18. Juni 2003 in Esslingen am Neckar die Deutsche Limeskommission als Koordinationsstelle für die zukünftige Arbeit am Limes gegründet. Die Geschäftsstelle wurde auf der traditionsreichen Saalburg angesiedelt. Die Kommission garantiert gleiche Standards über die Grenzen von vier Bundesländern hinweg, koordiniert die Zusammenarbeit und ist Ansprechpartner für die internationalen Partner. Außerdem veranstaltet die Deutsche Limeskommission alle zwei Jahre ein Kolloquium zu neuen Forschungen am Limes in Deutschland und gibt Publikationen heraus, darunter das beliebte Nachrichtenblatt „Der Limes", das jährlich zweimal erscheint. In allen

beteiligten Bundesländern wurden von den Denkmalämtern die allgemein gehaltenen Richtlinien des Managementplans konkret ausformuliert und als Limesentwicklungspläne vorgelegt. Diese Papiere sprechen Empfehlungen aus und beinhalten Richtlinien für Vermittlung, Schutz und Erforschung des Welterbes. Ebenso wurden in allen vier Bundesländern an den Denkmalämtern Limesbeauftragte eingestellt und Limesinformationszentren (LIZ) geschaffen. In Baden-Württemberg wurde die Stadt Aalen mit dem Limesmuseum 2007 als Kooperationspartner gewonnen. Der Limesbeauftragte von Baden-Württemberg leitet am Standort des Limesmuseums in Aalen das LIZ und arbeitet eng mit dem Archäologischen Landesmuseum, dem Verband der Limes-Cicerones e. V. und der Deutschen Limes-Straße e. V. zusammen. Mit Informationsmaterial wird dort über die Grenzen des Römischen Reiches, insbesondere den Obergermanisch-Raetischen Limes mit dem Abschnitt in Baden-Württemberg, die Welterbestätten generell sowie den Welterbegedanken der UNESCO unterrichtet. Das LIZ ist aber mehr als nur ein Ort, an dem Informationen für Besucher bereitgehalten werden – es sucht aktiv die Begegnung mit der Öffentlichkeit im Rahmen von Festen, Messen, Führungen, Exkursionen und Vorträgen sowie Beratungsgesprächen. In Abwandlung des berühmten Goethe-Zitats „Man sieht nur, was man weiß", wird nach dem Motto „Man kann nur schützen und bewahren, was man kennt" gehandelt.

Limes Information Centre: contact representative and coordinator

Within the framework of the application process, the German Limes Commission was founded on the 18th of June, 2003, in Esslingen to become the coordination office for future work regarding the Limes. The Commission's office was established in the Saalburg-Fort, a place steeped in historical tradition. The Commission guarantees equal standards be kept across all four federal states involved. It coordinates the cooperative efforts and is the contact representative for international partners. Aside from this, every two years the German Limes Commission organizes a colloquium for new research on the Limes in Germany and puts out publications, among them the popular newsletter "The Limes," which appears bi-annually. In all the participating

- Prunkvoller Schildbuckel eines römischen Schildes aus Welzheim mit Darstellung der Göttin Virtus.

- A magnificent shield boss belonging to a Roman shield from Welzheim showing the godess Vitrus.

- Magnifique umbo avec l'effigie de la déesse Virtus d'un bouclier romain provenant de Welzheim.

federal states, the State Office for Cultural Heritage produces general guidelines for the management and development plans for the site as well. These documents list recommendations and include guidelines for presenting, protecting and studying the World Heritage Site. Also, the State Office for Cultural Heritage in the four federal states have appointed a Limes representative and created Limes information centres. In Baden-Württemberg, the city of Aalen with its Limes Museum became a cooperative partner in 2007. The Limes representative of Baden-Württemberg (*Limes-Informationszentrum LIZ*), based in the Limes Museum in Aalen, directs the information centres, working closely with the state archaeological museum, the Limes-Cicerones Association and the German Limes Road Association. The museum offers information material on the frontiers of the Roman Empire, especially on the Upper Germania-Raetian Limes and its section in Baden-Württemberg, on the World Heritage Site in general, as well as on the World Heritage Concept of UNESCO. The information centre is more than just a place in which the visitor gathers information material. It actively seeks contact with the general public, through festivals, fairs, tours, excursions and lectures, as well as consulting work. By modifying the famous Goethe quote of "one only sees what one knows," we have the motto "one cares for and protects what one knows."

Le centre d'information sur le *limes* – un rôle d'interlocuteur et de coordinateur

Dans le cadre de l'élaboration du dossier de candidature, la Commission allemande du *limes* est créée le 18 juin 2003 à Esslingen am Neckar en tant qu'office de coordination du futur travail à accomplir. Son siège est établi sur le site hautement historique de la Saalburg. La commission garantit l'application de normes et standards identiques dans les quatre länder impliqués dans le projet, coordonne le travail de collaboration et fait également figure d'interlocuteur pour les partenaires internationaux. Par ailleurs, elle organise tous les deux ans un colloque consacré aux dernières avancées de la recherche sur le *limes* en Allemagne et édite diverses publications, entre autres la gazette semestrielle « Der Limes », dont la sortie est toujours très attendue. Le

bureau du patrimoine culturel de chaque land a été invité à formuler de manière concrète les directives générales du plan de gestion avant de les intégrer dans des plans de développement régionaux pour le *limes*. Les documents ainsi élaborés proposent tout un ensemble de recommandations et de directives en matière de médiation, de recherche et de protection du bien inscrit au patrimoine mondial. Dans les quatre länder impliqués, des chargés de mission pour le *limes* ont par ailleurs été recrutés au sein des bureaux du patrimoine culturel et un centre d'information sur le *limes* (LIZ) a été créé. Dans le Bade-Wurtemberg, la ville d'Aalen a été associée comme partenaire dès 2007 avec le musée du *limes*. Depuis le site du musée du *limes* à Aalen, le chargé de mission pour le *limes* du Bade-Wurtemberg assure la direction du LIZ et travaille en étroite collaboration avec le musée archéologique du land, l'association des cicerones du *limes* (Limes-Cicerones e. V.) et l'association de la route allemande du *limes* (Deutsche Limes-Straße e. V.). À l'aide de matériel d'information adapté, le LIZ a pour vocation d'informer le public intéressé sur les frontières de l'Empire romain, tout particulièrement sur le *limes* germano-rhétique et le tronçon qui parcourt le Bade-Wurtemberg, mais aussi, d'une manière générale, sur les biens du patrimoine mondial ainsi que les valeurs portées par l'UNESCO en relation avec la protection de ce précieux héritage. Mais le LIZ est bien plus qu'un simple lieu où les visiteurs peuvent s'informer – il part aussi activement à la rencontre du public dans le cadre de festivités, de salons et expositions, de visites guidées, d'excursions, de conférences et de procédures de consultation. Dans la droite ligne de la célèbre citation de Goethe « On ne voit que ce que l'on connaît », la devise qui guide son action est « On ne peut protéger et préserver que ce que l'on connaît ».

Prähistorische Pfahlbauten um die Alpen

Prehistoric Pile Dwellings around the Alps
Sites palafittiques préhistoriques autour des Alpes

- ▸ Welterbe seit: 2011
- ▸ Charakter: einmaliger Einblick in die Welt der frühen Bauern, deren Alltagsleben, Landwirtschaft, Viehzucht und technische Innovationen
- ▸ Datierung: um 5000 bis um 500 v. Chr.
- ▸ Lage: Bodensee und Oberschwaben

- ▶ World Heritage Site since: 2011
- ▶ Character: a unique insight into the world of the early farmers and their everyday life, agriculture, animal breeding and technical innovations
- ▶ Date: around 5000 – around 500 B.C.
- ▶ Location: Lake Constance and Upper Swabia

- ▶ Patrimoine mondial depuis : 2011
- ▶ Caractéristique : aperçu unique sur le monde des premières sociétés agraires, leur vie quotidienne, les pratiques d'agriculture et d'élevage ainsi que les innovations techniques ayant marqué les différentes périodes d'occupation
- ▶ Datation : de 5000 à 500 avant J.-C. environ
- ▶ Situation géographique : lac de Constance et Haute-Souabe

Pfahlbauten um die Alpen

Prähistorische Seeufer- und Moorsiedlungen des 5. bis 1. Jahrtausends v. Chr. sind ein besonderes Phänomen der Alpenländer. Sie sind in zahlreichen Seen und Feuchtgebieten des Alpenvorlandes erhalten. Ausgezeichnete Erhaltungsbedingungen unter Wasser und im Moor machen sie zu einzigartigen archäologischen Quellen. Gleichzeitig sind sie unersetzliche Archive für naturwissenschaftliche Untersuchungen und Klimaforschung. Durch Umweltveränderungen, Bautätigkeiten und Gewässernutzung sind diese Archive zunehmend bedroht. In der Flachwasserzone des Bodensees gefährden Erosion und Baumaßnahmen für Häfen und Uferverbauungen die Denkmale in ihrem Bestand, in den Moorgebieten die Absenkung der Grundwasserpegel und die damit einhergehende Austrocknung.

■ Sipplingen-Osthafen. Das Siedlungsareal ist ca. 550 m lang und maximal 200 m breit. Im Vordergrund wird Kies als Erosionsschutz eingebracht.

■ Sipplingen-Osthafen. The settlement area is ca. 550 m long with a maximum width of 200 m. In the foreground, gravel brought in to protect against erosion.

■ Sipplingen-Osthafen. Le site mesure environ 550 mètres de long et 200 mètres de large maximum. Au premier plan, un lit de gravier est déposé à titre de protection contre l'érosion.

Pile Dwellings around the Alps

Prehistoric lake shore and wetland settlements from the 5th to the 1st centuries B.C. are a unique phenomenon in Alpine countries. These settlements are found in numerous lakes and wetlands in sub-Alpine regions. The excellent preservation conditions under water and in the wetlands make the settlements unique sources of archaeological material. At the same time, they are irreplaceable archives for the natural sciences and climate research. Due to environmental changes, building projects and water use, these archives are increasingly threatened. In the shallow waters of Lake Constance, erosion and the construction of harbours and shoreline buildings threaten the existence of these monuments. In the wetlands, threats arise from the lowering of ground water levels and subsequent desiccation.

Sites palafittiques préhistoriques autour des Alpes

Les villages préhistoriques qui se sont établis sur les bords de lacs et de terres marécageuses entre le cinquième et le premier millénaire avant notre ère témoignent d'un phénomène très particulier propre aux pays alpins. Les vestiges de ces sites subsistent encore aujourd'hui dans de nombreuses régions lacustres et palustres des Préalpes. Leurs conditions de conservation exceptionnelles sous l'eau et dans les marécages en font des sources archéologiques absolument uniques. Dans le même temps, ils constituent également des archives irremplaçables pour les études scientifiques et la recherche sur le climat. Or, ces archives se trouvent de plus en plus menacées par les changements environnementaux, les avancées de l'urbanisation et l'exploitation des plans d'eau. Dans les zones peu profondes du lac de Constance, l'intégrité des sites est mise à mal par l'érosion, les mesures de construction pour le développement des ports ou l'aménagement des berges et, dans les régions marécageuses, par l'abaissement des nappes phréatiques ainsi que l'assèchement des sols qui en découle.

Einzigartige Erhaltungsbedingungen

Unter Luftabschluss erhalten sich im feuchten Milieu organische – vor allem pflanzliche – Reste in großen Mengen, die sonst in prähistorischen Fundstellen kaum je angetroffen werden können. Diese reichen von winzigen Resten wie Parasiteneiern, Insekten und Pollen über Samen, Früchte, Schmuck und Kleidungsstücke bis zu Haushaltsgegenständen, Geräten, Textilien und Bauteilen von Häusern. In den Kulturschichten haben sich außerdem Halbfabrikate, Produktionsabfälle, Vorräte von Kultur- und Sammelpflanzen sowie Kompost, Dung und Abfall jeglicher Art in erstaunlicher Frische erhalten.

Die guten Erhaltungsbedingungen verbunden mit interdisziplinären Forschungsansätzen ermöglichen eine detaillierte Analyse der Entwicklung von Kultur, Wirtschaft und Umwelt von der Steinzeit um 5 000 bis in die frühe Eisenzeit um 700 v. Chr. Die Entstehung unterschiedlicher Siedlungsformen, die Entwicklung von einfachen Landbautechniken zum Pflugbau, der Wandel des Kulturpflanzenspektrums und die wechselvolle Geschichte von Haustierhaltung und Jagd können hier vor dem Hintergrund sich verändernder Umweltverhältnisse nachgezeichnet werden. Wichtige Innovationen, wie die Erfindung von Rad und Wagen um 3 400 v. Chr. und die Entstehung der Kupfer- und dann der Bronzemetallurgie ab 2 000 v. Chr., können in den Pfahlbausiedlungen detailliert nachverfolgt werden. Fortschritte in der Holzverarbeitung, der Geräte-, Waffen- und Textiltechnologie gehören zu den vielen kulturellen Prozessen, die den einzigartigen Wert der Pfahlbauten für die frühe Geschichte der Menschheit begründen.

Unique Preservation Conditions

The absence of oxygen preserves organic, especially plant, remains in large quantities that would otherwise be rare in prehistoric sites. These extend from tiny remains, such as parasite eggs, insects and pollen, to seeds, fruits, personal adornments and articles of clothing, to domestic objects, instruments, textiles and even building materials from dwellings. In the

■ Fundensemble aus Früh- und mittelbronzezeitlichen Funden aus der Siedlung Forschner.

■ Finds from the Forschner settlement dating to the Early and Middle Bronze Age.

■ Ensemble d'objets datant de la période du Bronze ancien et moyen en provenance du site de Forschner.

occupational layers, other finds include half-finished objects, production debris, stores of cultivated and collected plants, as well as organic waste, dung, and refuse of all types, which are surprisingly well preserved.

The good conditions for preservation in combination with interdisciplinary research approaches have made possible a detailed analysis of the development of culture, economic activity and the environment from the Neolithic period around 5000 B.C. to the Early Iron Age around 700 B.C. The emergence of different settlement forms, the development from simple agricultural techniques to plough-based cultivation, the transformation in the spectrum of cultivated plants and the rich history of animal domestication and hunting can be documented here against the backdrop of changing environmental conditions. Important innovations, such as the invention of the wheel and wagons around 3400 B.C. and the emergence of copper and, later, bronze metallurgy from 2000 B.C., can be traced in detail within the pile dwelling settlements. Progress in woodworking and in implement, weapon, and textile technology are among the many cultural processes that constitute the outstanding value of the pile dwellings for our understanding of early human history.

Des conditions de conservation exceptionnelles

Grâce à leur immersion en milieu humide et à l'abri de l'air, un grand nombre de reliquats organiques – essentiellement d'origine végétale – préhistoriques qui auraient normalement disparu sans laisser de traces ont pu résister au temps. Ces matériaux peuvent aller de minuscules éléments tels qu'entités de parasites, insectes et pollens jusqu'aux objets ménagers, instruments, textiles et composants architecturaux de maisons en passant par les graines, les fruits, les bijoux et les vêtements. Les différentes strates culturelles ont par ailleurs livré des produits semi-finis, des chutes de production, des réserves de plantes cultivées et cueillies, des restes de compost et de fumier ainsi que des déchets de toutes sortes dans un état de préservation remarquable.

La conjonction entre ces excellentes conditions de conservation et les résultats des recherches inter-disciplinaires mises en œuvre permet une analyse détaillée de l'évolution de la culture, de l'économie et de l'environnement depuis l'âge de Pierre, il y a quelque 5000 ans avant notre ère, jusqu'aux débuts de l'âge de Fer aux environs de l'an 700 avant J.-C. L'apparition de nouvelles formes d'habitat, l'évolution de techniques agricoles rudimentaires jusqu'à l'invention de la charrue, l'élargissement de la diversité des plantes cultivées ainsi que l'histoire complexe de la domestication animale et de la chasse peuvent être appréhendés ici dans le contexte de la modification des conditions environnementales. Au travers des sites palafittiques, il est possible de retracer en détail diverses innovations majeures telles que l'invention de la roue et du chariot vers 3400 avant J.-C., ou l'introduction de la métallurgie du cuivre puis du bronze à partir de 2000 avant J.-C. Les progrès réalisés dans le travail du bois, dans la fabrication des outils et des armes ainsi que dans les techniques textiles comptent parmi les nombreuses évolutions culturelles fondant la valeur exceptionnelle des sites palafittiques pour l'histoire ancienne de l'humanité.

■ Olzreute-Enzisholz. Das Scheibenrad aus Ahornholz mit viereckigem Achsloch gehört zu den ältesten Radfunden der Welt.

■ Olzreute-Enzisholz. The disc wheel made of maple wood with square hole for the axle is one of the oldest wheels in the world.

■ Olzreute-Enzisholz. Cette roue pleine en bois d'érable avec trou axial carré compte parmi les vestiges de roues les plus anciens au monde.

Auf dem Weg zum Welterbe

Unter Federführung des Schweizerischen Bundesamtes für Kultur wurde der Welterbeantrag von den sechs Alpenanrainerstaaten Schweiz, Frankreich, Deutschland, Österreich, Slowenien und Italien in den Jahren von 2004 bis 2010 erarbeitet. In Baden-Württemberg lag die Verantwortung für den Antrag beim Wirtschaftsministerium als Oberster Denkmalschutzbehörde des Landes. Die fachliche Ausarbeitung des Antragswerkes erfolgte durch den Fachbereich Feuchtbodenarchäologie des Landesamts für Denkmalpflege. Eine Auszeichnung als UNESCO-Welterbe sollte das Bewusstsein der weltweiten Einmaligkeit stärken und den umfassenden Schutz für diese einzigartigen Geschichtsquellen unterstützen. Aus der großen Anzahl wurden stellvertretend 111 Fundstellen in sechs Ländern ausgewählt, 15 davon liegen am Bodensee und in Oberschwaben.

Die Anerkennung der „Prähistorischen Pfahlbauten um die Alpen" als serielle transnationale Welterebestätte erfolgte im Jahr 2011 aufgrund der Kriterien IV und V für die Feststellung des außergewöhnlichen universellen Wertes. Die intensiven Bemühungen um die Erforschung und Erhaltung der bedeutenden Pfahlbaufundstätten des Alpenvorlandes erhalten dadurch die gebührende Anerkennung und neuen Ansporn.

Die Bedeutung dieser Welterebestatte erschließt sich nicht auf den ersten Blick. Im Gelände nicht sichtbar, sondern verborgen unter Wasser oder im Moor, entziehen sich die Fundstellen einer konventionellen touristischen Nutzung. Umso wichtiger ist die Vermittlungsarbeit, die für Baden-Württemberg durch das Pfahlbauten-Informationszentrum am Dienstsitz des Landesamts für Denkmalpflege in Gaienhofen-Hemmenhofen koordiniert wird.

■ Unteruhldingen-Stollenwiesen. Freigespülte prähistorische Eichenpfähle im Innenbereich der spätbronzezeitlichen Siedlung wurden markiert und im Seegrund belassen.

■ Unteruhldingen-Stollenwiesen. Exposed prehistoric oak piles within the Late Bronze Age settlement were marked and then left on the lake bottom.

■ Unteruhldingen-Stollenwiesen. En plein centre de ce site datant du Bronze final, des pieux en chêne préhistoriques dégagés par l'eau ont été laissés au fond du lac après avoir été référencés.

The path to World Cultural Heritage

The Swiss Federal Office for Culture took the lead role in the application for World Heritage status, which was developed by the six neighbouring Alpine countries of Switzerland, France, Germany, Austria, Slovenia, and Italy between 2004 and 2010. In Baden-Württemberg, responsibility for the application rested with the Ministry of Economic Affairs, Labour and Housing as the highest office involved in state heritage matters. The technical drafting of the application was carried out by the Department of Wetland Archaeology at the State Office for Cultural Heritage (Baden-Württemberg). Securing UNESCO World Heritage status was intended to help raise awareness of the worldwide uniqueness of the lake dwelling phenomenon, and to establish broad protections for these outstanding historical archives. From the large number of known sites, 111 were selected from the six countries, with 15 of them found on Lake Constance and in Upper Swabia.

The recognition of the "Prehistoric Pile Dwellings around the Alps" as a serial transnational World Heritage site was achieved in 2011 on the basis of Criteria IV and V from UNESCO's Criteria for the assessment of Outstanding Universal Value. The intensive effort to study and preserve the important pile dwelling sites in the Alpine region were thereby given proper recognition, providing those involved with new incentives for future research. The importance of these World Heritage sites is not readily apparent on a visual level. The sites, hidden under water or in marshlands, do not offer a conventional draw for tourists. Therefore, communicating their significance is even more important, and these efforts are coordinated in Baden-Württemberg through the Pile Dwelling Information Centre located in Gaienhofen-Hemmenhofen.

Sur la voie du patrimoine mondial

Sous l'égide de l'Office fédéral suisse de la culture, le dossier de candidature au patrimoine mondial a été élaboré par les six pays de l'arc alpin (la Suisse, la France, l'Allemagne, l'Autriche, la Slovénie et l'Italie) entre 2004 et 2010. Dans le Bade-Wurtemberg, c'est le ministère de l'Économie qui assumait la responsabilité du projet en sa qualité d'autorité supérieure compétente

pour la protection des monuments historiques du land. L'élaboration de la partie technique du dossier a quant à elle été assurée par le département Archéologie des milieux humides au sein de l'Office d'État des patrimoines Cette distinction au patrimoine mondial de l'UNESCO devait permettre de renforcer la prise de conscience du caractère unique des vestiges palafittiques à l'échelle mondiale et soutenir efficacement la protection intégrale de ces témoignages historiques exceptionnels. Sur un très grand nombre de sites recensés, 111 ont été sélectionnés à titre représentatif dans les six pays de l'arc alpin, dont 15 sur le lac de Constance et en Haute-Souabe.

Leur valeur universelle exceptionnelle ayant été établie, l'inscription des « sites palafittiques préhistoriques autour des Alpes » au patrimoine mondial en tant que bien transnational en série a eu lieu en 2011. Non seulement cette décision constitue une juste reconnaissance des recherches et des nombreux efforts déployés afin d'assurer la préservation de ce précieux héritage et les recherches y relatives, mais elle leur apporte également un nouveau souffle.

Certes, l'importance majeure du site inscrit au patrimoine mondial ne se révèle pas au premier coup d'œil. Cachés sous l'eau ou dans les marécages, les gisements archéologiques se dérobent au regard et échappent à une approche touristique traditionnelle. Cette particularité rend d'autant plus essentiel le travail de médiation coordonné par le centre d'information sur les palafittes du Bade-Wurtemberg depuis les bureaux de l'Office d'État des patrimoines du land à Gaienhofen-Hemmenhofen.

■ Hornstaad-Hörnle: Unter Luftabschluss im feuchten Milieu hat sich dieses Fragment eines Netzes aus reißfestem Lein hervorragend erhalten.

■ Hornstaad-Hörnle: Under anaerobic, watterlogged conditions this fragment of tough flax net has been well preserved.

■ Hornstaad-Hörnle : grâce au milieu humide sans oxygène, ce fragment de filet en lin indéchirable a été très bien conservé.

Siedlungen am Seeufer und im Moor –
die Entdeckung der ersten Pfahlbauten

Bei extremem Niedrigwasser im Winter 1854/55 wurden am Zürichsee im Rahmen von Landge-
winnungsarbeiten prähistorische Siedlungsreste flächig freigelegt. Ferdinand Keller (1800–1881),
Vorsitzender der Antiquarischen Gesellschaft Zürich, erkannte in den trocken liegenden Pfahl-
feldern erstmals Reste von vorgeschichtlichen Siedlungen. In der Folge setzte in zahlreichen
Seen und Feuchtgebieten des Alpenvorlandes das „Pfahlbaufieber" ein, das auf ganz Europa
übergriff; eine Vielzahl neuer Fundstätten wurde in offenen und verlandeten Gewässern entdeckt
und ausgegraben. Schon früh erkannte man, dass die Fundstellen aufgrund der stratigraphischen
Abfolge von Siedlungsresten und des Fehlens von Metall in einigen Siedlungen aus unterschiedlichen Epochen stammten. Eine genaue zeitliche Einordnung gelang aber erst im 20. Jahrhundert. Um 1900 verebbte der erste Sammeleifer; man stellte fest, dass bei der unkontrollierten
Ausbeutung der Fundstätten und dem Handel mit den Funden viele Erkenntnismöglichkeiten
verloren gingen. Behördliche Verordnungen, wie bereits 1905 für das badische Bodenseeufer,
verboten unsachgemäße Ausgrabungen. Zu diesem Zeitpunkt waren viele der heute bekannten
Seeufer- und Moorsiedlungen bereits entdeckt.

■ Freigelegte Palisaden der
Wasserburg Buchau auf
der West- und Nordseite.

■ Exposed palisades of the
Wasserburg Castle on the
west and north side.

■ Palissades mises au jour
sur le site de Wasserburg
Buchau. côté ouest et nord.

Settlements on lake shores and in wetlands:
The discovery of the first pile dwellings

During the winter of 1854–1855, in the context of land reclamation works, prehistoric settlement remains were uncovered at Lake Zürich. Ferdinand Keller (1800–1881), director of the Antiquarian Society of Zürich was the first to recognize the exposed pile dwellings as remains of prehistoric settlements. What followed in numerous Alpine lakes and wetlands has been described as a "pile dwelling fever." It spread across Europe, and led to numerous discoveries and excavations of new sites in open and silted-up bodies of water. It was recognized early on that, due to the stratigraphy of the settlement remains and the lack of metal finds at some sites, the settlements belonged to different time periods. An exact temporal classification first became possible in the 20th century. At around 1900, the initial collecting zeal began to subside. It became clear that the uncontrolled plundering of the sites and the market trading of finds had resulted in the loss of much, potentially important knowledge. Legal regulations made the unsystematic exploration of lake dwelling sites illegal, as had been introduced in 1905 for the shores of Lake Constance in Baden. By this time, however, most of the lake shore and wetland settlements known today had already been discovered.

La découverte des premiers palafittes :
mise au jour de vestiges d'habitations groupées
sur les bords de lacs et de terres marécageuses

Durant l'hiver 1854/55, lors d'une baisse d'eau exceptionnelle, de vastes étendues de vestiges d'habitations préhistoriques refont surface à l'occasion de travaux de conquête des terrains. Alors président de la Société des antiquaires de Zurich, Ferdinand Keller (1800–1881) est le premier à identifier ces étranges champs de pieux en tant que vestiges d'anciens villages préhistoriques. Au cours de la période qui s'ensuit, une véritable « fièvre palafittique » se propage dans toute l'Europe et une multitude de nouveaux gisements sont mis au jour dans les eaux libres ou phréatiques de nombreux lacs et marécages de l'arc alpin. Compte tenu de la répartition stratigraphique des vestiges et de l'absence de métaux dans certains d'entre eux, il apparaît très tôt qu'ils sont issus de différentes époques. Il faudra toutefois attendre le XXᵉ siècle afin de pouvoir déterminer leur datation exacte. Vers 1900, cette première vague d'effervescence autour des collectes palafittiques laisse place à une accalmie ; une prise de conscience se fait jour et il qu'à la suite de l'exploitation incontrôlée des gisements et du commerce des objets et matériaux prélevés, une multitude de précieuses sources d'information ont été perdues à jamais. Comme déjà en 1905 pour les rives badoises du lac de Constance, des décrets administratifs sont publiés afin d'interdire les fouilles non conformes aux règles de l'art. À cette époque, un grand nombre des sites aujourd'hui connus dans les zones lacustres et palustres ont déjà été découverts.

Die nominierten Fundstellen in Baden-Württemberg

Baden-Württemberg ist mit 15 nominierten Fundplätzen beteiligt: Neun befinden sich in der Flachwasserzone des Bodensees, fünf liegen in Kleinseen und Mooren in Oberschwaben; die Siedlung Ehrenstein ist die nördlichste Fundstelle und die einzige in einem Flusstal. Alle weiteren im Antrag enthaltenen Feuchtbodensiedlungen werden als assoziierte Fundstellen bezeichnet.

Am Untersee gilt Wangen-Hinterhorn als erste am Bodensee entdeckte Pfahlbaufundstelle. Eine umfangreiche Schichtenfolge der frühen und mittleren Pfyner Kultur (3 860–3 500 v. Chr.) und der Horgener Kultur (um 3 000 v. Chr.) mit Resten verbrannter Häuser und gut erhaltenen Textilien zeichnet die Fundstelle aus. Die älteste Siedlung am Bodensee ist Hornstaad-Hörnle an der Spitze der Halbinsel Höri; nach dieser Fundstelle ist die Hornstaader Gruppe benannt. Rund um den Bodanrück gruppieren sich die Siedlungen von Allensbach-Strandbad, die spätbronzezeitliche Siedlung Wollmatingen-Langenrain an der Spitze der Schilfinsel im Naturschutzgebiet Wollmatinger Ried, Konstanz-Hinterhausen und Litzelstetten-Krähenhorn. Am westlichen Ende des Überlinger Sees liegt die früh- und mittelbronzezeitliche Siedlung Bodman-Schachen im Verlandungsdelta der Stockacher Aach. Am Nordufer folgt Sipplingen-Osthafen, das mit Resten von mindestens 20 Siedlungen einer der am besten erhaltenen Siedlungskomplexe am Bodensee ist. Unteruhldingen-Stollenwiesen, eine dreiphasige, ehemals stark befestigte spätbronzezeitliche Siedlung mit geschätzten 70 000 bis 100 000 Pfählen ist die am weitesten östlich gelegene Fundstelle.

Die einzige umfassende Stratigraphie Oberschwabens, die vom Ende der Jungsteinzeit bis in die Frühbronzezeit reicht, bietet die Halbinsel im Schreckensee. In der mehrphasigen Siedlung Olzreute-Enzisholz wurden jungsteinzeitliche Räder geborgen, die zu den ältesten Rädern der Welt zählen.

Im Federseeried ist die stark befestigte früh- und mittelbronzezeitliche Siedlung Forschner von großer Bedeutung. In Alleshausen-Grundwiesen war man zu Beginn des 3. Jahrtausends v. Chr. auf den Anbau von Flachs und Viehwirtschaft spezialisiert. Unweit davon liegt Ödenahlen mit ausgezeichnet erhaltenen Häusern. Die Siedlung Ehrenstein im Blautal bei Ulm weist sehr

■ Hornstaad-Hörnle. Das Grabungsareal von Südosten mit der Grabungsfläche unter dem großen Zelt.

■ Hornstaad-Hörnle. The excavation from the southeast with the excavated area under the big tent.

■ Hornstaad-Hörnle. Zone archéologique sud-est avec protection de la surface de fouilles sous la grande tente.

■ Archäologische Forschungstaucher
bei der Arbeit; im Vordergrund sind
Pfahlstümpfe sichtbar.

■ Archaeological divers at work. Pile
stumps are visible in the foreground.

■ Plongeurs archéologues au travail ;
des moignons de pieux sont visibles
au premier plan.

Management der Welterbestätte in Baden-Württemberg

Das Pfahlbauten-Informationszentrum am Dienstsitz des Landesamts für Denkmalpflege in Gaienhofen-Hemmenhofen ist Anlaufstelle für alle Fragen rund um diese Welterbestätte. Richtlinie für die Arbeit des Informationszentrums ist der Managementplan im UNESCO-Antrag, der Schutzmaßnahmen für die Fundstätten vorsieht, ebenso wie die Entwicklung von Vermittlungskonzepten unter Beteiligung verschiedener Einrichtungen und Institutionen. Das Landesamt für Denkmalpflege verfügt mit dem Fachgebiet Feuchtbodenarchäologie über spezielle Ausstattungen für die Unterwasser- und Feuchtbodenarchäologie sowie naturwissenschaftliche Laboratorien. Die empfindlichen Fundstellen bedürfen einer intensiven fachkundigen Betreuung. Der sichere Umgang mit Techniken der Unterwasser- und Moorarchäologie ist ebenso erforderlich wie eine enge Zusammenarbeit von Archäo-, Geo- und Biowissenschaftlern. Erst dieser interdisziplinäre Ansatz erlaubt es, die Fundstätten zu lokalisieren, zu erkunden und die besondere Aussagekraft dieser Geschichtsquellen auszuschöpfen.

Management of the World Heritage Site in Baden-Württemberg

The Pile Dwelling Information Centre in Gaienhofen-Hemmenhofen is the main contact point for all questions concerning this World Heritage site complex. The management plan, as seen in the UNESCO application, provides guidelines for the work of the information centre. The plan stipulates that protective measures are needed for the sites, as well as the development of a communications plan in conjunction with various organisations and institutions. The State Office for Cultural Heritage in Baden-Württemberg has specialized equipment for underwater and wetlands archaeology as well as scientific laboratories at its disposal at the Department of Wetland Archaeology. The delicate organic remains at these sites require extensive, expert attention. Professional expertise when using techniques developed in Underwater and Wetland Archaeology is as necessary as the close cooperation between specialists in the archaeological, geological and biological sciences. Only through this interdisciplinary work is it possible to localize the sites, to study them and to unlock the significance of these historical sources.

Gestion des sites du patrimoine mondial dans le Bade-Wurtemberg

Depuis Gaienhofen-Hemmenhofen, dans les bureaux de l'Office d'État des patrimoines du land, le centre d'information sur les palafittes est l'interlocuteur privilégié pour tout ce qui a trait à ce patrimoine mondial. Ses activités s'alignent sur le plan de gestion défini dans le dossier de candidature soumis à l'UNESCO, lequel prévoit tout aussi bien la mise en œuvre de mesures de protection pour les différents sites que le développement de concepts de médiation en partenariat avec diverses institutions. Au sein de son département Archéologie des milieux humides, l'Office d'État des patrimoines dispose à Gaienhofen-Hemmenhofen d'équipements spécialisés pour l'archéologie des milieux humides et subaquatiques ainsi que de plusieurs laboratoires scientifiques. Compte tenu de sa fragilité, le traitement du matériel archéologique mis au jour requiert un très haut niveau d'expertise. La bonne maîtrise des techniques propres à l'archéologie des milieux humides et subaquatiques est tout aussi essentielle que l'implication étroite d'archéologues, de géologues et de scientifiques du vivant. Seule une telle approche interdisciplinaire permet de localiser et d'étudier avec précision les matériaux à disposition et d'exploiter au maximum toute la richesse informative de ces précieuses ressources historiques.

■ Halbinsel im Schreckensee während der Grabung 2018.

■ Schreckensee peninsula during the excavation 2018.

■ Schreckensee : la presqu'île pendant les fouilles de 2018.

Unteruhldingen-Stollenwiesen. Archäologische Forschungstaucher im Einsatz.

Unteruhldingen-Stollenwiesen. Archaeological divers at work.

Unteruhldingen-Stollenwiesen. Plongeurs archéologiques au travail.

Systematisches Monitoring

Alle Fundstellen unterliegen einer regelmäßigen Überwachung. Bei stark gefährdeten Fundstellen werden Schutzmaßnahmen, wie z. B. das Abdecken der Fundstellen unter Wasser mit Geotextilien und Kiesschüttungen durchgeführt. Die entsprechenden Techniken werden in Zusammenarbeit mit Partnern wie taucharchäologischen Firmen, dem Seenforschungsinstitut in Langenargen und der Universität Konstanz laufend überprüft und weiterentwickelt.

Im Federseeried wird die langfristige Erhaltung der Fundstellen nachhaltig durch Wiedervernässung und die schonende Bewirtschaftung der Feuchtwiesen gesichert. Hier arbeiten Naturschutz und Archäologische Denkmalpflege eng zusammen.

Systematic Monitoring

All the sites are subject to regular monitoring. The sites most at risk are subjected to additional protective measures, such as covering the sites under water with geo-textiles and gravel fill. The necessary techniques are systematically reviewed and further developed in cooperative partnerships with archaeological diving firms, with the Lake Research Institute in Langenargen and the University of Constance.

In the Federseeried nature reserve, the long-term preservation of the archaeological sites is ensured through rewetting and the careful management of the wetlands. Here, nature conservation and heritage management work closely together.

Un programme de suivi systématique

Tous les sites font l'objet de mesures de surveillance régulières. En cas de sites fortement menacés, des mesures de protection sont par ailleurs mises en œuvre, celles-ci pouvant par exemple consister à les recouvrir de géotextiles et de couches de graviers. Les techniques correspondantes sont réévaluées et optimisées en permanence en collaboration avec divers partenaires tels que par exemple des équipes de plongeurs-archéologues, l'Institut de recherche lacustre de Langenargen et l'Université de Constance.

Dans les marais du Federsee, la conservation à long terme des gisements est assurée par un programme de remise en eau et la gestion durable des prairies humides. Les mesures de protection de la nature et du patrimoine archéologique se conjuguent ici avec une efficacité exemplaire.

Das Pfahlbaumuseum in Unteruhldingen zeigt seit den 1930er Jahren rekonstruierte Pfahlbauten. Vorne rechts eine Rekonstruktion nach aktuellem Forschungsstand.

Since the 1930s the Lake Dwelling Museum in Unteruhldingen has exhibited reconstructed pile dwellings. In the foreground to the right a reconstruction based on modern research.

Le Musée des palafittes d'Unteruhldingen présente depuis les années 1930 un village palafittique reconstruit. Au premier plan à droite, une reconstruction selon l'état de la recherche actuel.

Vermittlung

14 Museen und Ausstellungen zeigen in Baden-Württemberg Pfahlbaufunde. Kleine Ausstellungsbereiche in Touristinformationen, ehrenamtlich betreute Häuser bis hin zu renommierten, großen Museen und Freilichteinrichtungen präsentieren in vielfältiger Weise Informationen zum Thema Pfahlbauten. Die Vermittlung des weitgehend „unsichtbaren" Welterbes „Prähistorische Pfahlbauten um die Alpen" muss auf dezentrale, der Situation vor Ort angepasste Weise durch das Zusammenwirken unterschiedlicher Institutionen erfolgen. Alle Beteiligten – Gemeinden, Tourismusorganisationen, Museen, Landeigentümer, Naturschutz und viele weitere – stehen hier vor besonderen Herausforderungen, die nur gemeinsam angegangen werden können.

Communication efforts

Finds from pile dwelling sites are on display in 14 museums and exhibition spaces in Baden-Württemberg. Small exhibition areas in tourist information contexts, volunteer-based supervision of the dwellings, as well as large and renowned museums and open-air facilities present information on the subject of pile dwellings in multiple ways. The communication of the largely "hidden" world heritage of the "Prehistoric Pile Dwellings around the Alps" must be carried out through the cooperation of different institutions, in a decentralised way suited to the local circumstances.

All participants, from municipalities to tourist organizations, museums, land owners and those responsible for nature conservation, plus many others, face particular challenges that can only be met by working together.

Travail de médiation

Dans le Bade-Wurtemberg, 14 musées et expositions présentent des vestiges palafittiques. De petits espaces d'exposition dans les centres d'informations touristiques, des structures gérées à titre bénévole et de grands musées renommés ou écomusées proposent de diverses manières toute une mine d'informations sur le thème des palafittes. Le travail de médiation effectué autour de ce patrimoine quasi invisible que sont les « sites palafittiques préhistoriques autour des Alpes » doit non seulement se fonder sur une approche décentralisée, mais également être adapté à chaque situation *in situ* grâce à l'action conjuguée de diverses institutions. Toutes les parties impliquées – communes, organisations touristiques, musées, propriétaires fonciers, associations de protection de la nature et bien plus encore – se trouvent ici confrontées à des défis très spécifiques qui ne peuvent être relevés qu'en commun.

Infopavillion auf der Ostmole in Unteruhldingen.

Information stand on the east pier in Unteruhldingen.

Pavillon d'information sur le môle est d'Unteruhldingen.

Le Corbusiers Stuttgarter Häuser

Le Corbusier's Stuttgart houses
Les maisons de Le Corbusier à Stuttgart

- ▶ Welterbe seit: 2016; Teil des internationalen Welterbes „Das architektonische Werk von Le Corbusier – ein herausragender Beitrag zur Moderne"
- ▶ Charakter: Innovative und zukunftsweisende Architektur der Moderne
- ▶ Datierung: 1927
- ▶ Lage: Stuttgart

- ▶ World Heritage site: 2016; part of the international World Heritage site "The Architectural Work of Le Corbusier, an Outstanding Contribution to the Modern Movement"
- ▶ Character: Innovative and futuristic architecture of the modern period
- ▶ Date: 1927
- ▶ Location: Stuttgart

- ▶ Patrimoine mondial depuis : 2016 ; partie intégrante du patrimoine mondial « L'oeuvre architecturale de Le Corbusier. Une contribution exceptionnelle au Mouvement Moderne »
- ▶ Caractéristique : architecture innovante et avant-gardiste du Mouvement moderne
- ▶ Datation : 1927
- ▶ Situation géographique : Stuttgart

Vom Abrisskandidaten zum Kulturdenkmal

Die Besucher der Werkbundausstellung „Die Woh-nung" im Sommer 1927 schwankten nach der Besichti-gung der beiden Stuttgarter Häuser von Le Corbusier zwischen euphorischer Begeisterung und entsetzter Ab-lehnung für die radikal neuen Wohnkonzepte, ebenso die Fachpresse. Nach dem Machtantritt der Nationalso-zialisten 1933 trat die Ablehnung der international aus-gerichteten, nach der Ideologie der Nationalsozialisten „undeutschen" Architektur in den Vordergrund. Der Abriss der gesamten Weißenhofsiedlung wurde be-schlossen, um Platz für die Kasernen des Generalkom-mandos V des Deutschen Heeres zu machen. Dafür ver-kaufte die Stadt Stuttgart 1939 das Gelände an den Reichsfiskus. Jedoch machte der Verlauf des Zweiten Weltkriegs den Standort hinfällig und die Siedlung blieb bestehen. Zehn der Gebäude gibt es heute dennoch nicht mehr, da sie bei den Luftangriffen 1944 zerstört oder in der Nachkriegszeit abgebrochen wurden. Die beiden Häuser von Le Corbusier waren im Krieg ohne größere Schäden geblieben, doch bei den Planungen für den Umbau des Einfamilienhauses in zeitgemäße Woh-nungen kam 1956 das Thema Abriss wieder ins Ge-spräch, diesmal aus wirtschaftlichen Gründen. Durch gezielte Indiskretionen erfuhr die Öffentlichkeit von den Überlegungen und mit dem Eingreifen von Theo-dor Heuss, dem damaligen Bundespräsidenten und ehe-maligen Geschäftsführer des Deutschen Werkbunds, blieb es bei den Überlegungen. Die noch vorhandenen Bauten der Weißenhofsiedlung wurden im August 1958 in das Landesverzeichnis der Baudenkmale in Württem-berg eingetragen und sind heute Kulturdenkmale von besonderer Bedeutung nach § 12 des Denkmalschutzge-setzes Baden-Württemberg.

Werkbundausstellung
„Die Wohnung", 21.9.1927.

Werkbund exhibition
Die Wohnung (The Home),
21 September 1927.

Exposition de l'association
d'artistes « Die Wohnung »,
21/09/1927.

From independing demolition to heritage site

In the summer of 1927 the *Deutscher Werkbund* (German Association of Craftspeople) held an exhibition called *Die Wohnung* (The Home) in Stuttgart. At this exhibition, the visitors who saw the two houses designed by Le Corbusier oscillated between euphoric enthusiasm for and horrified rejection of the radically new concept of living being presented. This was true for members of the press as well. After the National Socialists had assumed power in 1933, the rejection of this internationally oriented, or 'un-German', architecture became the official stance, as set by the ideology of National Socialism. The demolition of the entire *Weissenhofsiedlung* (Weissenhof residential area) was ordered to make space for the barracks of *Generalkommando V* (General Command Headquarters) of the German army. To this end the city of Stuttgart sold the area to the *Reichsfiskus*

(government treasury) in 1939. However, the course of the war made the location irrelevant and the residential area remained in existence. Nonetheless, ten of its buildings do not exist today, because they were either destroyed in aerial bombardments or were torn down in the post-war period. Both of the houses designed by Le Corbusier remained for the most part intact. However, in 1956, plans for a renovation of the detached house into more up-to-date apartment, raised the topic of demolition once again, but this time for economic reasons. By leaking this information to the public, and with the intervention of Theodor Heuss, Federal President at the time and former head of the *Deutscher Werkbund*, these plans were never brought to fruition. The remaining structures of the Weissenhofsiedlung were entered in the State Listing of Architectural Landmarks in Württemberg in August of 1958 and are classified today as cultural heritage of special value according to heritage law in Baden-Württemberg.

Un candidat à la démolition devient patrimoine mondial

À peine sortis de l'exposition « Die Wohnung » que l'association d'artistes « Deutscher Werkbund » consacre à l'habitat moderne pendant l'été 1927 à Stuttgart, les visiteurs des deux maisons de Le Corbusier oscillent entre enthousiasme euphorique et rejet scandalisé à l'égard de ces concepts d'habitation radicalement nouveaux. La presse spécialisée est tout aussi divisée. Après la prise de pouvoir des national-socialistes en 1933, l'architecture à vocation internationale, considérée comme « non allemande » par l'idéologie en place, se retrouve mise au ban. Afin de laisser la place pour la construction des casernes du Generalkommando V de l'armée allemande, il est décidé de démolir l'intégralité de la cité du Weissenhof. À cette fin, la ville de Stuttgart vend le terrain à l'administration fiscale du Reich en 1939. Mais compte tenu de l'évolution de la Seconde Guerre mondiale, le projet est abandonné et la cité est épargnée. Aujourd'hui, dix de ses bâtiments ont toutefois disparu, soit détruits par les bombardements aériens de 1944, soit rasés pendant l'après-guerre. Les deux maisons de Le Corbusier réchappent sans grands dommages à cette période noire mais en 1956, la question de leur démolition se pose de nouveau, cette fois pour des raisons financières, dans le cadre d'un projet de transformation de la maison individuelle en appartements contemporains. Par le canal d'indiscrétions ciblées, l'idée parvient aux oreilles du public et grâce à l'intervention de Theodor Heuss, alors président fédéral et ancien directeur du Werkbund, elle est définitivement remisée. Les bâtiments encore existants de la cité du Weissenhof sont inscrits au registre des monuments historiques du land de Bade-Wurtemberg en août 1958 et sont aujourd'hui classés monuments culturels de valeur exceptionnelle en vertu de la Loi sur la protection des monuments culturels du land de Bade-Wurtemberg (§ 12).

■ Prinzipskizze von Le Corbusier zum Typ Dom-Ino, 1914.

■ Schematic sketch by Le Corbusier of the Dom-Ino prototype, 1914.

■ Schéma de principe de Le Corbusier pour son « système Dom-Ino » 1914.

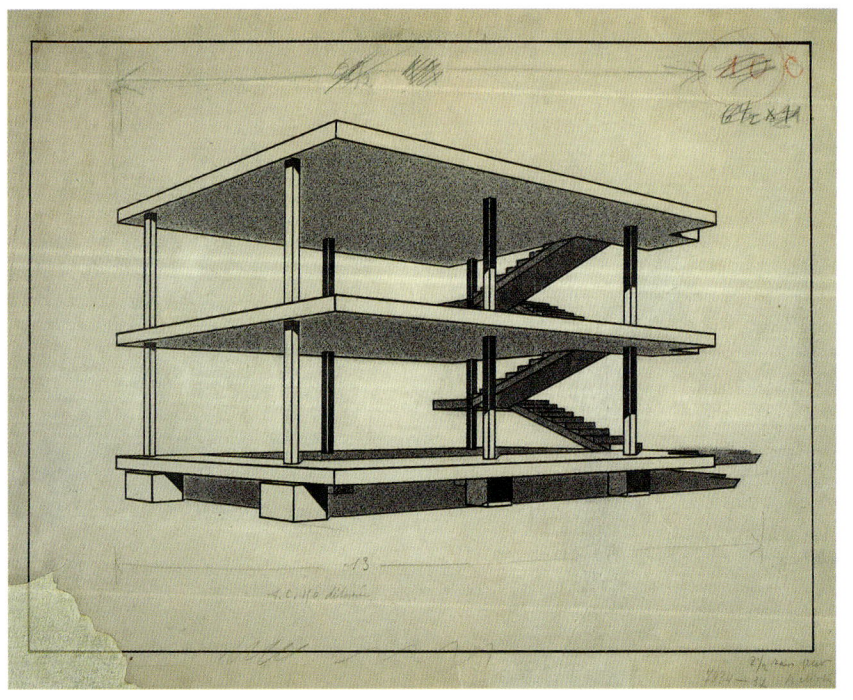

■ Doppelhaus von Südosten, um 1928.

■ Semi-detached house from the southeast, around 1928.

■ Maisons jumelées vues du sud-est, vers 1928.

Welterbe

Seit 2016 sind die beiden Stuttgarter Häuser von Le Corbusier Teil des seriellen transnationalen UNESCO-Welterbes „Das architektonische Werk von Le Corbusier. Ein außergewöhnlicher Beitrag zur Moderne". Insgesamt besteht das eingetragene Welterbe aus 17 Bauten bzw. Gebäudegruppen in sieben Ländern auf drei Kontinenten. Le Corbusier hat fast 60 Jahre lang gebaut und parallel dazu publiziert. Oft gingen seine Ideen den Umsetzungen um viele Jahre voraus, seine pointierten Texte machten ihn zu einem Wortführer der Moderne.

Die Initiative für den Welterbeantrag ging von Frankreich aus. 2008 wurde mit einer Auswahl von 22 Gebäuden, typologisch geordnet, der erste Antrag eingereicht. Nach weiteren Überarbeitungen war der dritte, 2015 gestellte Antrag erfolgreich. Jetzt lag der Fokus auf der Bedeutung des Schaffens von Le Corbusier als außergewöhnlichem Beitrag zur weltweiten Verbreitung der Idee der Moderne: „Auf die Herausforderungen in den heutigen Gesellschaften gibt die Architektur der Moderne und speziell das Werk Le Corbusiers verschiedene Antworten, die als Ordnungsprinzip für die verbliebenen 17 Gebäude angewandt wurden: Anregungen für einzigartige Ideen von Weltrang, Erfindung einer neuen Architektursprache, Modernisierung architektonischer Methoden und die Beschäftigung mit den sozialen Bedürfnissen des modernen Menschen."

World Heritage

Since 2016 both Stuttgart houses by Le Corbusier belong to the transnational UNESCO World Heritage serial property described as the "Architectural Work of Le Corbusier: An Outstanding Contribution to the Modern Movement." In total there are 17 sites (buildings or groups of buildings) included in this World Heritage site in seven countries, and on three continents. Le Corbusier was building for nearly 60 years and publishing his work at the same time. His ideas often preceded their realization by many years, and his pointed, expressive texts made him the spokesperson of the Modern Movement.

The initiative for applying for World Heritage status came from France. In 2008, the first application was submitted that included a selection of 22 buildings typologically ordered. After several re-workings of the application, it was successfully approved in 2015. The focus now rested on the meaning of the created works of Le Corbusier as an outstanding contribution to the global spread of the Modern Movement: "In meeting the challenges of contemporary society, the Modern Movement aimed to instigate a unique forum of ideas at a world level, invent a new architectural language, modernize architectural techniques and meet the social needs of modern human beings."

Le patrimoine mondial

Depuis 2016, les deux maisons de Le Corbusier à Stuttgart font partie intégrante de la série transnationale « L'Œuvre architecturale de Le Corbusier, une contribution exceptionnelle au Mouvement moderne » inscrite au patrimoine mondial de l'UNESCO. L'ensemble regroupe un total de 17 sites, bâtiments ou ensembles de bâtiments répartis dans sept pays et sur trois continents. Le Corbusier a construit son œuvre pendant près de 60 ans tout en publiant parallèlement un grand nombre d'ouvrages. Très souvent, ses idées précédaient de plusieurs années la réalisation de ses projets. Quant à ses écrits, leur pertinence fait de lui l'un des principaux porte-parole du Mouvement moderne.

L'initiative de cette candidature au patrimoine mondial de l'UNESCO est partie de la France. La première demande a été déposée en 2008 avec une sélection de 22 ouvrages classés par typologie. Après l'apport de diverses modifications, c'est finalement la troisième demande, déposée en 2015, qui a été validée. L'accent portait désormais sur l'importance de l'œuvre de Le Corbusier envisagée sous l'angle de sa contribution exceptionnelle à la diffusion des idées du Mouvement moderne dans le monde entier : « En relevant les défis de la société moderne, le Mouvement Moderne, et notamment l'œuvre de Le Corbusier, visait à susciter un exceptionnel débat d'idées à l'échelle mondiale, inventer un nouveau langage architectural, moderniser les techniques architecturales et répondre aux besoins sociaux et humains de l'homme moderne ».

Besonderheiten der Stuttgarter Häuser

Le Corbusier befasste sich bereits 1914 mit dem „Baukastensystem Dom-Ino", das eine grundlegende Trennung von tragendem Stahlbetonskelett mit Treppen und Gebäudehülle sowie Innenwänden verfolgte. Auf diese Weise wurde die freie Gestaltung von Grundrissen und Fassaden möglich. Das Doppelhaus folgt genau diesem Prinzip. Die Freiheit im Grundriss nutzte Le Corbusier, um den „transformablen Typ" umzusetzen: die tageszeitlich unterschiedliche Nutzung derselben Fläche als Wohn- und Schlafraum. Die Idee bestand darin, einen durchgehenden Raum durch Holzschiebewände bei Nacht in einzelne Schlafkabinen zu unterteilen. Betonierte Schränke dienten der Aufbewahrung der Betten und darüber als Stauraum für die persönlichen Gegenstände der Bewohner. Die Schiebewände waren so unterteilt, dass sie bei Tag hinter den Schränken verschwanden und einen großen Raum eröffneten.

Seit 1921 beschäftigte sich Le Corbusier mit dem „Typ Citrohan", bewusst eine Anspielung auf die Automarke Citroën. Hier kombinierte er einen großzügigen, zweigeschossigen Wohnraum mit minimierten Schlaf- und Nebenräumen. Das Stuttgarter Einfamilienhaus ist, nach dem „Pavillon de l'esprit nouveau" in Paris, 1925, die erste dauerhafte Umsetzung der Idee.

Die „Fünf Punkte zu einer neuen Architektur" bildeten das theoretische Fundament für die beiden Häuser und wurden 1927 in diesem Zusammenhang mehrfach veröffentlicht.

Characteristics of the Stuttgart houses

As early as 1914, Le Corbusier was working with "Dom-Ino modular design," which meant radically separating the load bearing, reinforced concrete frame construction with its stairway from the building's shell, and from the interior walls. This allowed floor layouts as well as façades to be designed more flexibly. The semi-detached house put exactly this principle into practice. Le Corbusier used this freedom in the floor plan to realize the "transformable type" i.e. the different use of the same space as living room or bedroom depending on the time of the day. The concept envisioned continuous space separated by sliding wooden walls, used to create sleeping compartments at night. Built-in concrete closets were made to store the beds and offered storage space above them for personal belongings. The sliding walls were constructed to disappear during the day behind the closets, thus creating a large open space.

Starting in 1921, Le Corbusier became interested in a prototype house known as the "Citrohan type," an allusion to the French car make Citroën. Here he combined a spacious, two-story living space with minimalized sleeping and side rooms. The Stuttgart detached house is the first permanent realization of the idea after the « pavillon de l'esprit nouveau » in Paris

■ Gipsmodell des Typs Citrohan, 1922 im Salon d'Automne ausgestellt.

■ Plaster model of the Citrohan prototype, 1922, exhibited in the Salon d'Automne.

■ Modèle en plâtre du type Citrohan, exposé au Salon d'Automne en 1922.

■ Einfamilienhaus von Südwesten, um 1929.

■ Detached house from the
southwest, around 1929.

■ Maison individuelle vue du
sud-ouest, vers 1929.

from 1925. The "Five Points of a New Architecture" formed the theoretical foundation for both houses and were, with reference to this, published repeatedly in 1927.

Particularités des maisons de Stuttgart

Dès 1914, Le Corbusier s'intéresse au « système modulaire Dom-Ino », lequel s'appuie sur une distinction fondamentale entre l'ossature porteuse en béton armé avec les escaliers, l'enveloppe du bâtiment et les parois intérieures. Ainsi, il devient possible de composer librement façades et plans. Les deux maisons jumelées obéissent fidèlement à ce principe. À partir de cette libre composition des plans, Le Corbusier met en œuvre le « type transformable » : en fonction de l'heure de la journée, une seule et même surface peut être utilisée en salon ou en chambre. L'idée consiste à pouvoir diviser un espace ouvert par des parois en bois coulissantes pendant la nuit. Des armoires en béton sont utilisées pour le stockage des lits et, au-dessus, pour le rangement des effets personnels des habitants. Les parois coulissantes sont disposées de manière à pouvoir disparaître derrière les armoires pendant la journée, ce qui permet d'ouvrir entièrement la grande pièce de vie.

Depuis 1921, Le Corbusier s'intéresse au « type Citrohan » dont le nom fait volontairement référence à la célèbre marque de voiture Citroën. Pour ce dernier, il combine un vaste espace de vie de deux étages dont les chambres et les pièces annexes sont réduites à un minimum. Après le « Pavillon de l'esprit nouveau » présenté à Paris en 1925, la maison individuelle de Stuttgart est la première mise en œuvre concrète de cette idée.

Le manifeste « cinq points de l'architecture moderne » constitue le fondement théorique sur lequel s'appuie la réalisation des deux maisons. En tant que tel, il fait l'objet de plusieurs publications en 1927.

■ Einfamilienhaus, Wohn-
raum nach Süden, 1927.

■ Detached house, living
room, facing south, 1927.

■ Maison individuelle, espace
de vie exposé vers le sud,
1927.

Die Weißenhofsiedlung

Im Sommer 1927 fand in Stuttgart die Werkbundausstellung „Die Wohnung" statt. Die Idee stammte vom Deutschen Werkbund, an der finanziellen Umsetzung beteiligte sich die Stadt Stuttgart. Von den ursprünglich vier Teilen der Ausstellung sind die Musterhäuser, als Weißenhofsiedlung bekannt, über die Ausstellungszeit hinaus erhalten geblieben. 17 Architekten aus Deutschland, den Niederlanden, Österreich, Frankreich und Belgien errichteten 33 Häuser unter der künstlerischen Leitung von Mies van der Rohe. Gebaut wurde mit den neuesten Materialien und Verfahren. Die ebenfalls avantgardistische Ausstattung der Häuser verantworteten weitere internationale Architekten und Möbeldesigner. Die Ausstellung wurde auch dank der hervorragenden Pressearbeit zu einem großen Erfolg, knapp 500 000 Besucher sahen sich die Häuser an. Die Stuttgarter Werkbundausstellung wurde spätestens durch ihre Präsentation in der New Yorker Ausstellung „Modern Architecture. International Exhibition", 1932, zum Inbegriff des Neuen Bauens.

Weissenhofsiedlung

In the summer of 1927, an exhibition of the *Werkbund* took place called *Die Wohnung.* The idea came from the *Deutscher Werkbund*, with the city of Stuttgart financially supporting the exhibition. Of the original four parts of the exhibition, only the model houses, known as the Weissenhofsiedlung, exist still today. Seventeen architects from Germany, the Netherlands, Austria, France and Belgium built 33 houses under the creative direction of Mies van der Rohe. Construction was done with state-of-the-art materials and methods. The avant-garde interior design of the houses was completed by other international architects and furniture designers. Thanks to excellent public relations work, the exhibition turned out to be a great success, with close to 500,000 visitors viewing the houses. The Stuttgart *Werkbund* exhibition became, at least through its presentation in the 1932 New York exhibition "Modern Architecture. International Exhibition" the embodiment of *Neues Bauen* (New Building).

La cité du Weissenhof

À l'été 1927, l'exposition sur le logement moderne « Die Wohnung » se tient à Stuttgart. Si l'idée vient du « Deutscher Werkbund », la mise en œuvre, elle, est en partie financée par la ville de Stuttgart. L'exposition s'organise en quatre parties dont l'une est constituée par les maisons modèles de la cité du Weissenhof, lesquelles seront également conservées après l'exposition. 17 architectes originaires d'Allemagne, des Pays-Bas, d'Autriche, de France et de Belgique y sont invités à construire 33 bâtiments d'habitation sous la direction artistique de Mies van der Rohe. Les travaux s'effectuent avec les matériaux et procédés les plus innovants. Avantgardiste lui aussi, l'aménagement intérieur des bâtiments est conçu par d'autres architectes et designers de mobilier internationalement reconnus. Également grâce à son très large écho dans la presse, l'exposition est un énorme succès et près de 500 000 visiteurs s'y pressent pour découvrir les maisons modèles. Au plus tard lors de sa présentation dans le cadre de l'exposition du Musée d'Art Moderne de New York « Modern Architecture. International Exhibition » en 1932, l'exposition du « Werkbund » à Stuttgart devient le symbole du Mouvement moderne.

■ Besichtigung des Baugeländes, rechts Le Corbusier, November 1926.

■ Visiting the construction site. Le Corbusier on the right. November 1926.

■ Visite du terrain à bâtir, à droite : Le Corbusier, novembre 1926.

Besondere Schwierigkeiten

Die Aufnahme von Le Corbusier in den Kreis der Wei-ßenhofarchitekten drohte früh zu scheitern. Der Stutt-garter Gemeinderat wollte die Beteiligung eines Franzo-sen, als solcher wurde der Westschweizer angesehen, verhindern. Erst der Hinweis, dass seine übersetzten und begeistert gelesenen Schriften in Stuttgart erschie-nen waren, machte die Beauftragung möglich.

Enormer Zeitdruck bestimmte das Projekt von Anfang an. Nach der Grundstücksbesichtigung Ende November 1926 lagen Mitte Dezember erste Fundamentpläne vor,

Ausführungspläne für das Einfamilienhaus dann Mitte Ja-nuar. Allerdings zeigte sich nach einer ersten Prüfung, dass weder das Baurecht noch die Baukosten eingehalten wurden. Die Pläne für das Doppelhaus kamen Ende März und waren eine Überraschung, denn der Auftrag sah auch hier ein Einfamilienhaus vor. Letztlich konnte erst am 2. Mai 1927 mit dem Bau der beiden Häuser begon-nen werden. Um die Fertigstellung bis zur Ausstellungs-eröffnung am 23. Juli 1927 zu bewältigen, schickte Le Corbusier den jungen Architekten Alfred Roth (1903–1998) nach Stuttgart. Er hatte im Pariser Büro die Aus-führungspläne gezeichnet und war mit dem Projekt ver-

■ Doppelhaus mit zu-sätzlichen Zimmern auf der Dachterrasse, 1952.

■ Semi-detached house with additional rooms on the roof terrace, 1952.

■ Maisons jumelées avec chambres supplémentaires sur le toit-terrasse, 1952.

traut. Roth musste unter extremem Zeitdruck viele Entscheidungen ohne Rücksprache treffen. Er bemühte sich zwar, im Sinne von Le Corbusier zu agieren, doch kamen dessen schriftliche Anweisungen oft zu spät. Dennoch gelang es Roth, die Planung so überzeugend umzusetzen, dass die Ideen die gewünschte Diskussion um das Bauen und Wohnen der Zukunft auslösten. Wie ungewöhnlich die Wohnkonzepte waren, zeigte sich auch bei den Schwierigkeiten mit der Vermietung nach Ausstellungsende und dem 1933 ausgeführten Umbau des Doppelhauses.

Particular difficulties

The inclusion of Le Corbusier in the circle of the Weissenhof architects threatened to fall apart at an early stage. The Stuttgart government wanted to have a French architect on board, which made the western Swiss background of the architect problematic. Only after it became known that his translated and enthusiastically received written work had appeared in Stuttgart, did the commission become possible.

Enormous time pressure marked the project from the beginning. After visiting the site at the end of November 1926, the first foundation plans were presented in mid-December and the design plans for the detached house in mid-January. After the first review, however, a lack of compliance to both building law and building costs was detected. The plans for the semi-detached house were submitted at the end of March and were a surprise, as the commission had planned on a detached house. Finally, on the 2nd of May 1927 the construction of both houses could begin. In order to see completion of the houses in time for the exhibition opening on the 23rd of July, 1927, Le Corbusier sent the young architect Alfred Roth (1903–1998) to Stuttgart. He had drawn the construction plans in the Paris office and therefore was familiar with the project. Roth had to make many quick decisions under enormous time pressure, without any further consultation. He took great pains to work as Le Corbusier would have wanted, but his written instructions came often too late. Despite this, Roth was able to carry out the plans so convincingly that the ideas of initiating discussions on building and living spaces for the future were set in motion. How unusual the concepts were behind these projects became evident in the difficulties that ensued in renting the houses after the end of the exhibition and the conversion of the semi-detached house in 1933.

Difficultés particulières

Très tôt, le projet d'intégrer Le Corbusier dans le cercle des architectes du Weissenhof menace d'être étouffé dans l'œuf car le conseil communal, le considérant non pas comme un Suisse mais comme un Français, s'est mis en tête d'empêcher sa participation. Celle-ci n'est finalement rendue possible que parce qu'il peut être invoqué que ses écrits, traduits et lus avec enthousiasme, ont été publiés à Stuttgart.

Dès le départ, le projet est une véritable course contre la montre. Après la visite du terrain fin novembre 1926, les premiers plans de fondations sont établis à la mi-décembre et les plans d'exécution pour la maison individuelle sont prêts dès la mi-janvier. À la suite d'un premier examen, il apparaît néanmoins que ni les contraintes liées au budget, ni celles liées au droit de la construction n'ont été respectées. Présentés fin mars, les plans des maisons jumelées créent la surprise car, selon les termes du mandat, il était également prévu de construire une maison individuelle à cet emplacement. La construction des deux édifices ne peut commencer que le 2 mai 1927. Afin de pouvoir assurer l'achèvement des travaux avant l'ouverture de l'exposition le 23 juillet 1927, Le Corbusier envoie le jeune architecte Alfred Roth (1903–1998) à Stuttgart. Depuis les bureaux parisiens, celui-ci a déjà dessiné les plans d'exécution et il connaît bien le projet. Soumis à une énorme pression, Roth est désormais appelé à prendre de nombreuses décisions entièrement seul. Il s'efforce certes d'agir en accord avec les conceptions de Le Corbusier, mais les instructions écrites de ce dernier arrivent souvent trop tard. Roth parvient néanmoins à assurer la mise en œuvre du projet de manière si convaincante que les idées exposées ne tardent pas à ouvrir le débat souhaité autour de la construction et de l'habitation du futur. Les difficultés rencontrées afin de louer les logements après la fin de l'exposition et la transformation des maisons jumelées en 1933 attestent elles aussi le caractère profondément déconcertant de ces nouveaux concepts d'habitation pour l'époque.

Die Sanierung 1979–1987 und das Einfamilienhaus

Nach jahrzehntelanger Vernachlässigung der Weißenhofsiedlung bildeten Bundesvermögensverwaltung, Staatliches Hochbauamt, Landesdenkmalamt, Untere Denkmalschutzbehörde und der 1979 gegründete „Verein der Freunde der Weissenhofsiedlung" eine Expertenkommission und verständigten sich über die denkmalgerechte Sanierung. Das Einfamilienhaus von Le Corbusier und Pierre Jeanneret fiel in den ersten Bauabschnitt der Instandsetzung, mit der nach der Mustersanierung des Hauses von Hans Scharoun Ende 1982 begonnen wurde. Erst nach Beginn der Arbeiten einigte man sich auf die Rekonstruktion prägender Bereiche des Hauses, wie die Betonbrüstung mit integrierter Schreibtischplatte, das offene Bad neben dem Elternschlafzimmer und den offenen Kamin mit Hängeregal im Wohnbereich. Vor dem Rückbau erfolgte eine ausführliche restauratorische Untersuchung und originale Putzstücke wurden archiviert, so dass die Farbigkeit im Inneren und Äußeren des Hauses belegt ist. Aus Rücksicht auf die spätere Vermietbarkeit unterblieb die Rekonstruktion der Farbfassungen im Inneren und beschränkte sich auf die Fassade. An dem seit Mitte 1983 vermieteten Haus wurden seither nur punktuell Maßnahmen wegen Bauschäden durchgeführt.

Renovations from 1979–1987 and the detached house

After decades of neglect of the Weissenhofsiedlung, the German Office of Property Management, the State Building Department, the State Office for Cultural Heritage Baden-Württemberg, the Regional Heritage Offices, and the "Friends of the Weissenhofsiedlung" Association founded in 1979 formed a Commission of Experts to work together on renovations according to preservation guidelines. Repairs to the detached house of Le Corbusier and Pierre Jeanneret were part of the first construction phase, begun at the end of 1982, according to the model renovation of the house by Hans Scharoun. Only after beginning the work were all parties agreed on the reconstruction of the more formative parts of the house, such as the concrete balustrades with integrated desktop, the open bathroom next to the parent's bedroom and the open fireplace with a hanging shelf in the living area. Before work began, a detailed restoration study was undertaken and the original plaster pieces were archived, thus confirming the interior and exterior colour palette of the house. With consideration for future renting of the house, the reconstruction did not involve that of the interior colour, but was limited to the colour of the façade. The house, rented since 1983, has undergone only selective measures thereafter, and those limited to repairing structural damages.

La restauration de 1979–1987 et la maison individuelle

Après avoir été délaissée pendant plusieurs décennies, l'Administration fédérale des domaines (Bundesvermögensverwaltung), le Service national des bâtiments (Staatliches Hochbauamt), l'Office d'État des Patrimoines du Bade-Wurtemberg, l'autorité inférieure compétente pour la protection des monuments historiques (Untere Denkmalschutzbehörde) ainsi que l'Association des amis de la cité du Weissenhof (Verein der Freunde der Weissenhofsiedlung), fondée en 1979, vont mandater une commission d'experts et se mettre d'accord sur une stratégie de restauration appropriée et respectueuse de la valeur patrimoniale du site. La maison individuelle de Le Corbusier et de Pierre Jeanneret est rénovée dans le cadre de la première tranche des travaux de restauration, laquelle est lancée fin 1982 après le début du projet de restauration pilote portant sur la maison de Hans Scharoun. C'est seulement après le lancement des travaux qu'il est convenu de reconstruire également divers éléments marquants de la maison, notamment le garde-corps en béton avec table de bureau intégrée, la salle de bains ouverte sur la chambre principale et la cheminée à foyer ouvert avec étagère suspendue dans l'espace de vie. Avant les travaux de déconstruction, une analyse à visée restauratrice est effectuée et des morceaux d'enduit originaux sont archivés dans le but de pouvoir documenter les coloris intérieurs et extérieurs de la maison. Dans le souci de garantir la future louabilité du logement, les couleurs d'origine ne sont pas rétablies dans les espaces intérieurs mais uniquement sur les façades. Louée depuis la mi-1983, la maison n'a, depuis lors, fait l'objet que de mesures de remise en état ponctuelles suite à des dommages de construction.

Einfamilienhaus von Südosten, 1994.

Detached house from the southeast, 1994.

Maison individuelle vue du sud-est, 1994.

■ Doppelhaus von Südosten, direkt nach der Sanierung 2005.

■ Semi-detached house from the southeast, immediately after renovations, 2005.

■ Maisons jumelées vues du sud-est, directement après leur restauration, 2005.

Das Doppelhaus

Die Stadt Stuttgart kaufte 2002 das Doppelhaus, um es der Öffentlichkeit zugänglich zu machen. Bis zur Eröffnung als Weissenhofmuseum im Haus Le Corbusier im Herbst 2006 erfuhr es eine umfassende zweite Sanierung. 1983/84 war als markanteste Veränderung der zusätzliche Aufbau auf der Dachterrasse und wie bei den anderen Häusern der Siedlung der Putz und die noch vorhandenen bauzeitlichen Fenster entfernt worden. In der rechten Haushälfte wurden die Innenräume samt eingebautem Mobiliar rekonstruiert, in der linken beschränkten sich die Arbeiten auf eine Modernisierung des mehrfach veränderten Zustandes.

Die Wüstenrot Stiftung übernahm im Rahmen ihres Denkmalprogramms die Kosten der erneuten Sanierung, der wissenschaftliche Beirat die inhaltliche Betreuung dieser Instandsetzung. Das gemeinsam erarbeitete Prinzip für den Umgang mit dem Doppelhaus wurde vom ehemaligen Präsidenten des Landesdenkmalamtes August Gebeßler zusammengefasst: „Die reparierende Erneuerung akzeptiert das Denkmal grundsätzlich als geschichtliches Bauzeugnis. In differenziertem Vorgehen sollte mit der Wiederherstellung auf gesicherter Befundlage und tunlichst ohne weitere Substanzeinbußen die größtmögliche Annäherung an den bauzeitlichen Gesamteindruck erreicht werden."

Als Ziel wurde definiert, das äußere Erscheinungsbild des Hauses, insbesondere die Schlankheit, wieder im Zustand von 1927 anschaulich zu machen. Dafür wurde der nachträgliche Keller von 1933 rückgebaut, die erhöhte äußere Stützmauer und die erhöhte Brüstung an der Dachterrasse abgetragen. Für sämtliche Maßnahmen waren durch Archivarbeit sowie durch restauratorische und archäologische Untersuchungen am Gebäude die erforderlichen Belege gefunden worden. Im Innern des Hauses wurde das Konzept der Sanierung von 1984 im Wesentlichen übernommen und die vorgefundenen

Grundrisse beibehalten. Die linke Haushälfte behielt somit weitgehend ihren mehrfach umgebauten Wohnungsgrundriss, die rechte Haushälfte stellt dagegen, nach erneuter Rekonstruktion und im Sinne eines begehbaren Exponats, eine Annäherung an den Originalzustand dar.

The semi-detached house

The city of Stuttgart bought the semi-detached house in 2002 in order to open it to the public. Before its opening as the "Weissenhofmuseum im Haus Le Corbusier" in the autumn of 2006, the house underwent a second comprehensive renovation. In 1983–1984 the most prominent alterations to the house had meant removing the added construction on the rooftop terrace and, like in the other houses in the residential area, the plaster and the original windows. In the right half of the house, the interior rooms, including integrated furniture, were reconstructed. In the left side, reconstruction was limited to modernizing the many alterations that had since taken place.

The Wüstenrot Foundation, under the auspices of its preservation initiative, assumed the costs of the new restoration, while a scientific advisory board oversaw the substantive supervision of the repairs. The cooperatively developed strategy for working with the detached house was summarized by the former president of the State Office for Cultural Heritage (Baden-Württemberg), August Gebeßler: "We are convinced that repairing and renovating cannot take place without fundamentally accepting the monument as a testimony to construction history. The careful reconstruction, based on solid findings, and carried out to avoid the least amount of substantive loss possible, will produce the nearest possible attempt at capturing the overall impression of the original building."

The defined goal was to make the exterior appearance of the house visible again, especially its slenderness, as it would have looked in 1927. To achieve this, the subsequently built cellar from 1933 was reconverted and

■ Dachterrasse des Doppelhauses, Blick nach Nordosten, 2006.

■ Semi-detached house, roof terrace, facing northeast, 2006.

■ Toit-terrasse des maisons jumelées, vue vers le nordest, 2006.

▶ the raised exterior supporting wall and the raised balustrade on the rooftop terrace were taken down. All measures were taken according to findings discovered through archival work as well as through restoration and archaeological studies on the building. In the interior of the house, the concept of the 1984 restoration was essentially followed, and the existing floor plan retained. Thus the left half of the house largely kept the floor plan of multiple renovations, while the right side, after renewed reconstruction, and in the spirit of a walk-in exhibit, was brought as close as possible to its original appearance.

Les maisons jumelées

En 2002, la ville de Stuttgart rachète les maisons jumelées avec pour objectif de les ouvrir au public. Jusqu'à l'inauguration du « Musée du Weissenhof dans la maison Le Corbusier » installé dans les maisons jumelées à l'automne 2006, celles-ci subissent une seconde restauration complète. En 1983/84, la construction supplémentaire qui avait été ajoutée sur leur toit-terrasse est démontée. Tout comme pour le reste des édifices du lotissement, l'enduit et les fenêtres d'origine sont également remplacés à cette occasion. Dans la moitié droite du logement, les espaces intérieurs sont entièrement reconstruits avec leur mobilier intégré. À gauche en revanche, les travaux se limitent à la modernisation de l'existant, déjà plusieurs fois modifié au fil du temps.

Les coûts de la nouvelle restauration sont pris en charge par la Fondation Wüstenrot dans le cadre de son programme de conservation des monuments historiques. L'accompagnement des questions de fond est quant à lui assuré par le Conseil scientifique consultatif. L'ancien président de l'Office d'État des Patrimoines du Bade-

Wurtemberg, August Gebessler, résumera comme suit les principes conjointement arrêtés pour pour la gestion des maisons jumelées : « Par principe, les mesures de rénovation à visée réparatrice sont compatibles avec le monument en tant que construction à valeur de témoignage historique. Dans le cadre d'une démarche différenciée, un travail de restauration parfaitement documentée avec une préservation maximale de la substance doit permettre d'assurer une conformité la plus complète possible avec l'impression globale d'origine ».

L'objectif fixé consiste alors à rétablir l'état d'origine de l'extérieur tel qu'il apparaissait en 1927, et notamment à faire ressortir la finesse de la construction. La cave qui avait été creusée en 1933 est en revanche comblée et le mur de soutènement rehaussé situé à l'extérieur ainsi que le garde-corps surélevé sur le toit-terrasse sont supprimés. Pour l'ensemble de ces mesures, les documentations nécessaires peuvent être apportées par un minutieux travail d'archive et toute une série d'analyses restauratrices et archéologiques effectuées sur le bâtiment. À l'intérieur, le concept de restauration de 1984 est repris en substance et les plans des différents étages sont conservés tels quels. Dès lors, alors que l'aile gauche conserve son agencement plusieurs fois modifié au fil du temps, l'aile droite est reconstruite afin de reproduire l'état initial le plus fidèlement possible, se transformant ainsi en une pièce d'exposition accessible.

■ Doppelhaus, rechte Hälfte, transformabler Wohnraum, 2018.

■ Semi-detached house, right half, transformable living room, 2018.

■ Maisons jumelées, aile droite, habitat transformable, 2018.

■ Doppelhaus von Süden, 2006.

■ Semi-detached house from the south, 2006.

■ Maisons jumelées vues du sud, vers 2006.

Erkenntnisse und Arbeiten für die Zukunft

Die intensive Bauforschung des Landesamts für Denkmalpflege am Doppelhaus Le Corbusier mit ihren umfangreichen neuen Erkenntnissen machte deutlich, dass der bei der ersten Sanierung 1979–87 erreichte Kenntnisstand bei weitem nicht erschöpfend ist. Daher rief das Landesamt für Denkmalpflege 2010 das Projekt „Wissensspeicher MonArch" ins Leben. In Kooperation mit allen am Weißenhof tätigen Institutionen wurden die Plan- und Aktenbestände digitalisiert. Ziel ist es, systematisch alle verfügbaren Quellen zu sammeln, zu erschließen und auszuwerten, damit eine verlässliche Grundlage für Untersuchungen am Objekt und Planungen zur Verfügung steht. Am Ende des Projektes soll die Entwicklung denkmalpflegerischer Leitlinien für die Einzelgebäude und die gesamte Siedlung stehen.

Insights and Future Work

The intensive building research of the State Office for Cultural Heritage (Baden-Wüttemberg) on the detached house by Le Corbusier, with its new and expansive findings, revealed that the level of knowledge attained during the original renovations between 1979 and 1987 is far from complete. For this reason, the State Office initiated the new project "Wissensspeicher MonArch" in 2010. In cooperation with all the institutions involved with the Weissenhofsiedlung, a digitalization of plans and documents was carried out. The goal is to systematically collect all available source material, to make it available and assess it, in order that a reliable basis can be created for investigations regarding the building and building plans. By the end of the project, a set of guidelines should be established for the preservation-related maintenance of the specific buildings and the entire residential area.

Conclusions et travaux à prévoir pour l'avenir

Compte tenu de l'ampleur des nouveaux éléments qu'il a permis de mettre au jour, l'intense travail de recherches constructives accompli par l'Office de la protection des monuments historiques du Bade-Wurtemberg sur avec les maisons jumelées de Le Corbusier montre clairement que les connaissances acquises lors du premier projet de restauration (1979–87) sont loin d'être exhaustives. C'est précisément ce qui l'a poussé à lancer le projet « Wissensspeicher MonArch » en 2010. En collaboration avec toutes les institutions travaillant sur le Weissenhof, l'ensemble des plans et documents à disposition ont été numérisés. Le but du projet consiste à collecter, traiter et exploiter systématiquement toutes les ressources disponibles afin de pouvoir établir une base de travail fiable pour les futures analyses et planifications ayant trait au bien. À l'issue de ce projet, il est prévu d'élaborer un ensemble de directives applicables à la conservation du patrimoine pour chaque bâtiment particulier ainsi que pour la totalité du lotissement.

■ Doppelhaus, rechte Hälfte, Frühstücksraum, 2008.

■ Semi-detached house, right half, breakfast room, 2008.

■ Maisons jumelées, aile droite, salle de petit-déjeuner, 2008.

Höhlen und Eiszeitkunst der Schwäbischen Alb

Caves and Ice Age Art in the Swabian Jura

Grottes et art de la période glaciaire dans le Jura souabe

- ▸ Welterbe seit: 2017
- ▸ Charakter: außergewöhnliche Zeugnisse des frühen anatomisch modernen Menschen in Europa
- ▸ Datierung: 43000 bis 32000 vor heute
- ▸ Lage: Ach- und Lonetal

- ▶ World Heritage site since: 2017
- ▶ Character: exceptional evidence of early anatomically modern humans in Europe
- ▶ Date: 43,000 – 32,000 years ago
- ▶ Location: in the Ach and Lone valleys

- ▶ Patrimoine mondial depuis : 2017
- ▶ Caractéristique : témoignages exceptionnels de la présence des premiers hommes anatomiquement modernes en Europe
- ▶ Datation : entre 43 000 et 32 000 ans avant notre ère
- ▶ Situation géographique : vallées de l'Ach et de la Lone

Erstmalig – Der Homo sapiens betritt Europa

Deutschlands erste altsteinzeitliche Welterbestätte ist eingebettet in die malerische Mittelgebirgslandschaft der Schwäbischen Alb. Nach heutigem Kenntnisstand wurde dieses Gebiet im Südwesten Deutschlands vor mehr als 40 000 Jahren vom anatomisch modernen Menschen (*Homo sapiens*) erreicht. Kunst- und Schmuckobjekte stammen aus sechs Höhlenfundstellen im Lone- und Achtal auf der Schwäbischen Alb. Hier finden sich die Höhlen Geißenklösterle, Hohle Fels und Sirgenstein im Achtal sowie Vogelherdhöhle, Hohlenstein-Stadel-Höhle und Bocksteinhöhle mit Bocksteintörle im Lonetal. Beide Täler stellen außergewöhnliche Fundlandschaften eiszeitlicher Jäger und Sammler mit einer einzigartigen Konzentration von Fundplätzen dar. Sie sind Teil einer materiellen Kultur, die als „Aurignacien" nach dem südfranzösischen Fundort Aurignac bezeichnet wird. Diese Kulturstufe wird ungefähr zwischen 43 000 und 32 000 Jahren vor heute datiert und der jüngeren Altsteinzeit, dem sogenannten Jungpaläolithikum, zugeordnet. Aus dieser Zeit stammen, neben den außergewöhnlichen künstlerischen Objekten, vor allem charakteristische Werkzeuge aus Stein, Knochen und Elfenbein, die die damaligen Bewohner des eiszeitlichen Europa hinterlassen haben.

■ Der Welterbeabschnitt Lonetal am Bockstein.

■ The world cultural section of the Lone Valley at Bockstein.

■ Partie de la vallée de la Lone classée au patrimoine mondial, environs de la grotte de Bockstein.

In the beginning – *Homo Sapiens* enter Europe

Germany's first Palaeolithic World Heritage Site is situated in the picturesque landscape of the low mountain range of the Swabian Jura. According to our present state of knowledge, anatomically modern humans (*Homo sapiens*) reached this area of southwest Germany over 40,000 years ago. Pieces of art and personal adornments were found within six cave sites in the Lone and Ach valleys of the Swabian Jura: Geißenklösterle, Hohle Fels and Sirgenstein in the Ach Valley; Vogelherd, Hohlenstein-Stadel and Bockstein in the Lone Valley. The two valleys represent remarkable archaeological landscapes which Ice Age hunters and gatherers inhabited and contain a unique concentration of archaeological sites. They are part of a material culture that is known as the Aurignacian, after the archaeological site of Aurignac in southern France. This cultural stage has been dated between approximately 43,000 and 32,000 years ago and assigned to the Upper Palaeolithic. Although known for its extraordinary art objects, this time period is mostly characterized by tools made of stone, bone and ivory, which were left behind by the early inhabitants of Ice Age Europe.

Au début – arrivée de l'Homo sapiens en Europe

Le premier site paléolithique allemand à figurer sur la liste du patrimoine mondial de l'UNESCO se situe au cœur du paysage pittoresque du Jura souabe, un massif de moyennes montagnes du sud-ouest de l'Allemagne. Selon l'état actuel des connaissances, l'homme anatomiquement moderne (*Homo sapiens*) aurait atteint cette région il y a plus de 40 000 ans. C'est ce qu'attestent les objets d'art figuratif et les bijoux provenant de six différents sites qui ont été découverts dans le Jura souabe, plus précisément dans les vallées de la Lone et de l'Ach : les grottes du Geißenklösterle, du Hohle Fels et du Sirgenstein dans la vallée de l'Ach et les grottes du Vogelherd, du Hohlenstein-Stadel et de Bockstein dans la vallée de la Lone. Avec une concentration exceptionnelle de sites, ces deux vallées livrent un extraordinaire témoignage sur les chasseurs-cueilleurs de la période glaciaire. Elles font partie de la culture matérielle dite de l'Aurignacien, du nom d'un petit village du sud de la France, Aurignac, où a été découvert le premier gisement attribué à cette période. Ce stade culturel est daté entre 43 000 et 32 000 ans avant notre ère et est rattaché au Paléolithique supérieur. Outre de précieux objets d'art, les principaux vestiges issus de cette période sont surtout des outils caractéristiques en pierre, en os et en ivoire fabriqués par les premiers habitants de l'Europe à l'époque glaciaire.

■ Der Welterbeabschnitt Achtal am Hohle Fels.

■ The World Heritage site in the Ach Valley at Hohle Fels.

■ Partie de la vallée de l'Ach classée au patrimoine mondial, environs de la grotte de Hohle Fels.

■ Die archäologische Fundstelle Geißenklösterle im Bruckfels bei Blaubeuren.

■ The archaeological site of Geißenklösterle in the "Bruckfels" rock formation near Blaubeuren.

■ Le site archéologique du Geißenklösterle dans le Bruckfels près de Blaubeuren.

■ Blick nach Osten in das Welterbegebiet im Lonetal.

■ View towards the east in the World Heritage site in the Lone Valley.

■ Vue vers l'est sur le secteur classé au patrimoine mondial dans la vallée de la Lone.

Schön und individuell – Schmuck

Neben den figürlichen Schnitzereien wurden hunderte Schmuckgegenstände wie Elfenbeinperlen und durchlochte Tierzahnanhänger in den Höhlen entdeckt. Werkabfälle wie Elfenbeinspäne belegen, dass der Schmuck vor Ort hergestellt wurde. Die Schmuckobjekte sind aber nicht als bloßer Zierrat zu verstehen. Vielmehr kann man sie als Anzeiger einer kulturellen Identität bewerten: Individuen und Gruppen grenzen sich – heute wie damals – bewusst von anderen durch spezielle Merkmale ab. Die Schmuckgegenstände aus den Höhlen der Welterbestätte liefern hierfür einen der frühesten materiellen Belege.

Beautiful and individual: The personal adornments

Apart from the carved figurines, hundreds of personal adornments such as ivory beads and pendants of perforated animal teeth were discovered in the caves. Discarded, worked material, such as ivory shavings, proves that personal adornments were produced at these locations. These decorative objects are not simply to be understood as adornments alone. Beyond this, they represent a form of cultural identity, of the maker separating him- or herself from the group, as done in today's world, through the creating of specific individualized markings. The adornments from the caves on the World Heritage List present one of the earliest forms of material evidence for this phenomenon.

Objets de parure et symboles d'individualité – les bijoux

Outre les figurines sculptées, des centaines de bijoux tels que des perles d'ivoire et des dents d'animaux percées qui se portaient en pendentif ont également été retrouvées dans les grottes. La présence de déchets de fabrication comme par exemple des copeaux d'ivoire atteste par ailleurs que les bijoux ont été façonnés sur place. Pour autant, les bijoux ne doivent pas être considérés uniquement comme de simples ornements, mais aussi et surtout comme les indicateurs d'une identité culturelle : aujourd'hui comme alors, les individus et les groupes sociaux ressentent le besoin de se démarquer par des attributs spécifiques. Les bijoux découverts dans les grottes du site comptent parmi les plus anciennes traces matérielles de cette volonté de se distinguer.

◼ Verschiedene Schmuckgegenstände aus Elfenbein belegen die Kreativität des modernen Menschen.

◼ Various personal ornaments made of ivory offer proof of the creativity of modern human beings.

◼ De multiples bijoux sculptés dans l'ivoire attestent de la créativité de l'homme moderne.

1cm

Kreativ – Musik

Die geschnitzten Statuetten sowie die Elfenbeinperlen gehören zu den derzeit ältesten Nachweisen der Entstehung von figürlicher Kunst weltweit. Nicht weniger sensationell sind jedoch die Flöten aus Vogelknochen und Mammutelfenbein, die das Ensemble eiszeitlicher Kreativität vervollständigen. Bruchstücke von bisher mindestens 16 Flöten wurden in drei Höhlen – Vogelherd, Geißenklösterle und Hohle Fels – entdeckt. Diese Musikinstrumente sind der früheste direkte Nachweis dafür, dass die eiszeitlichen Menschen schon vor über 40 000 Jahren musikalische Ausdrucksformen entwickelt hatten.

Creativity and Music

The carved figurines as well as the ivory beads belong to the oldest evidence of the origins for figurative art in the world. Just as sensational, however, are the flutes produced from bird bones and mammoth ivory that complete the material ensemble of Ice Age creativity. Fragments of at least 16 flutes were uncovered from three caves: Vogelherd, Geißenklösterle and Hohle Fels. These musical instruments are the earliest direct examples that Ice Age humans had developed musical forms of expression over 40,000 years ago.

Vecteur de créativité – la musique

À ce jour, les statuettes sculptées et les perles d'ivoire livrent l'un des témoignages de l'apparition de l'art figuratif les plus anciens au monde. Venant compléter cet impressionnant tableau de la créativité humaine à l'époque glaciaire, les flûtes en os d'oiseau et en ivoire de mammouth qui ont également été mises au jour ne sont cependant pas moins exceptionnelles. Jusqu'ici, les fragments d'au moins 16 flûtes ont été retrouvés dans trois grottes – Vogelherd, Geißenklösterle et Hohle Fels. Ces instruments sont la première preuve directe du développement de formes d'expression musicale par nos ancêtres de l'ère glaciaire il y a plus de 40 000 ans.

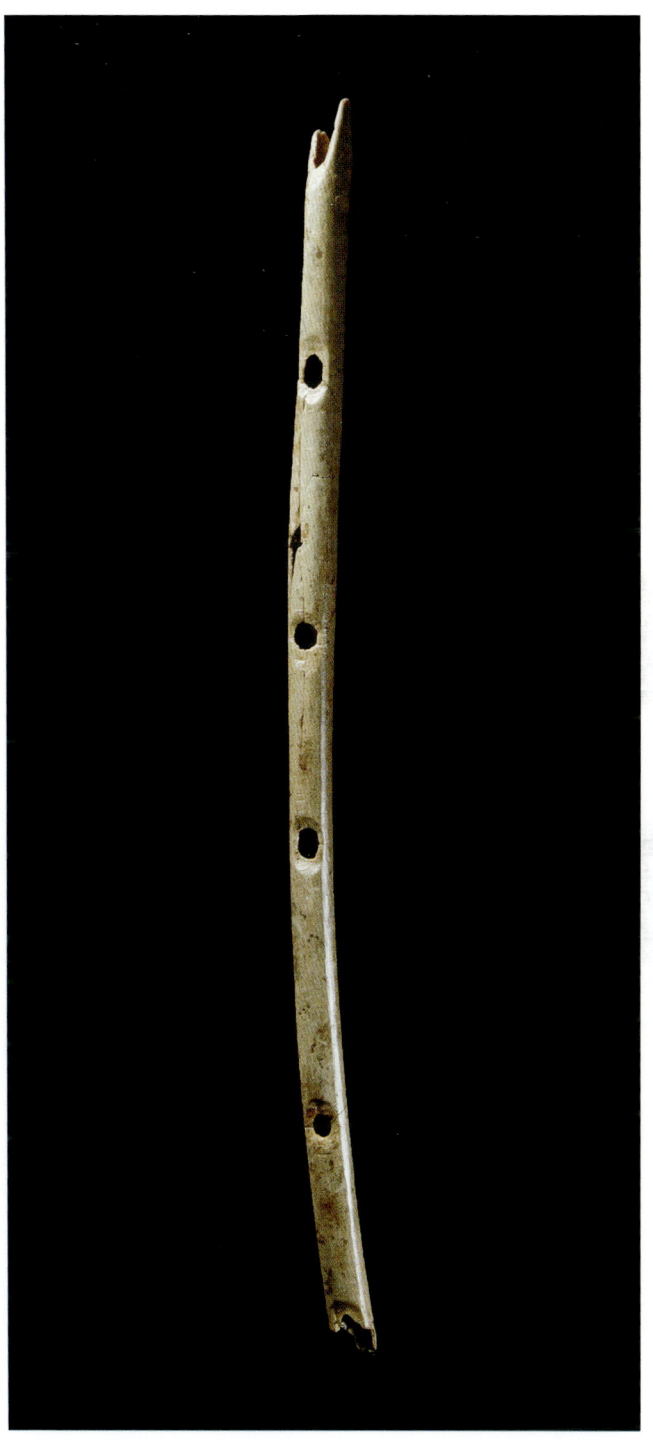

■ Aus dem Flügelknochen eines Gänsegeiers hergestellte Flöte (22.0 cm) aus dem Hohle Fels.

■ Flute (22.0 cm) made from the wing bone of a griffon vulture, from Hohle Fels.

■ Taillée à partir de l'os de l'aile d'un vautour fauve, cette flûte (22.0 cm) a été retrouvée dans la grotte de Hohle Fels.

Innovativ – Neue Zeiten, andere Werkzeuge

Mit der Besiedlung Europas durch den modernen Menschen werden nicht nur neuartige Kunstobjekte, Schmuck und Musikinstrumente im archäologischen Befund fassbar. In den verschiedenen Höhlenfundstellen konnte bei umfangreichen Ausgrabungen über die letzten 150 Jahre das komplette Spektrum von Alltagsgegenständen entdeckt werden, wie sie auch andernorts aus dem Aurignacien bekannt sind. Dazu zählen neue, spezialisierte Werkzeugformen, die sich deutlich von den Gebrauchsgegenständen des Neandertalers, dem Vorgänger des Homo sapiens, unterscheiden. Erhaltungsbedingt sind dies vornehmlich Geräte aus Stein, aber auch andere Materialien, wie Knochen, Geweih und Elfenbein dienten als Rohstoffe für verschiedene alltägliche Gebrauchsgegenstände. Hierzu zählen unter anderem Nadeln, Pfrieme, Speerspitzen und Spezialwerkzeuge wie z. B. Geräte zum Herstellen von Seilen. Während Fundstellen mit diesen zu jener Zeit neuartigen Objekten innerhalb Europas ansonsten nur vereinzelt vorkommen, findet sich auf der Schwäbischen Alb eine hohe Konzentration davon.

Innovation: Novel time periods, different tools

The occupation of Europe through modern human beings is not only understood archaeologically through the innovative forms of art objects, personal adornments and musical instruments. In the different cave sites, extensive excavations occurring over the last 150 years were able to uncover the complete spectrum of everyday objects known to have occurred at Aurignacian sites elsewhere. These include innovative and specialized tool forms that are easily distinguishable from the objects produced for daily use by Neanderthals, who were the earlier inhabitants of Europe before *Homo Sapiens*. Due to differential preservation of materials, the tools we find today are mostly stone tools, although other raw materials, such as bone, antler and ivory, were also used to make various objects for daily or domestic use. These include needles, awls, spear points, and specialized tools such as those for producing rope. While these new forms of artefacts, innovative for their time, turn up in isolated cases at archaeological sites across Europe, a high concentration of these objects has been found on the Swabian Jura.

Innovation – autre époque, autres outils

Au-delà de ces figurines, bijoux et instruments musicaux de conception nouvelle, les vestiges qui sont associés ici au peuplement de l'Europe par l'homme moderne couvrent également toute la gamme des objets du quotidien. Dans les différentes grottes, les vastes chantiers de fouilles archéologiques qui ont été conduits au cours des 150 dernières années ont permis de mettre au jour les mêmes éléments que sur les autres sites aurignaciens, et notamment des outils spécialisés inédits qui se distinguent sensiblement de ceux du Néandertalien, le prédécesseur de l'Homo sapiens en Europe. Pour des raisons évidentes liées à la conservation des matériaux, il s'agit essentiellement d'outils de pierre taillée. Il n'en reste pas moins que les os, les bois d'animaux et l'ivoire étaient également utilisés pour le façonnage de toutes sortes d'objets utilitaires, notamment des aiguilles, des alênes, des pointes de sagaies et des outils spéciaux servant par exemple à la fabrication de cordes. Alors que les gisements ayant livré ce type d'objets, inédits pour l'époque, s'avèrent sporadiques sur le continent européen, leur concentration dans le Jura souabe est particulièrement forte.

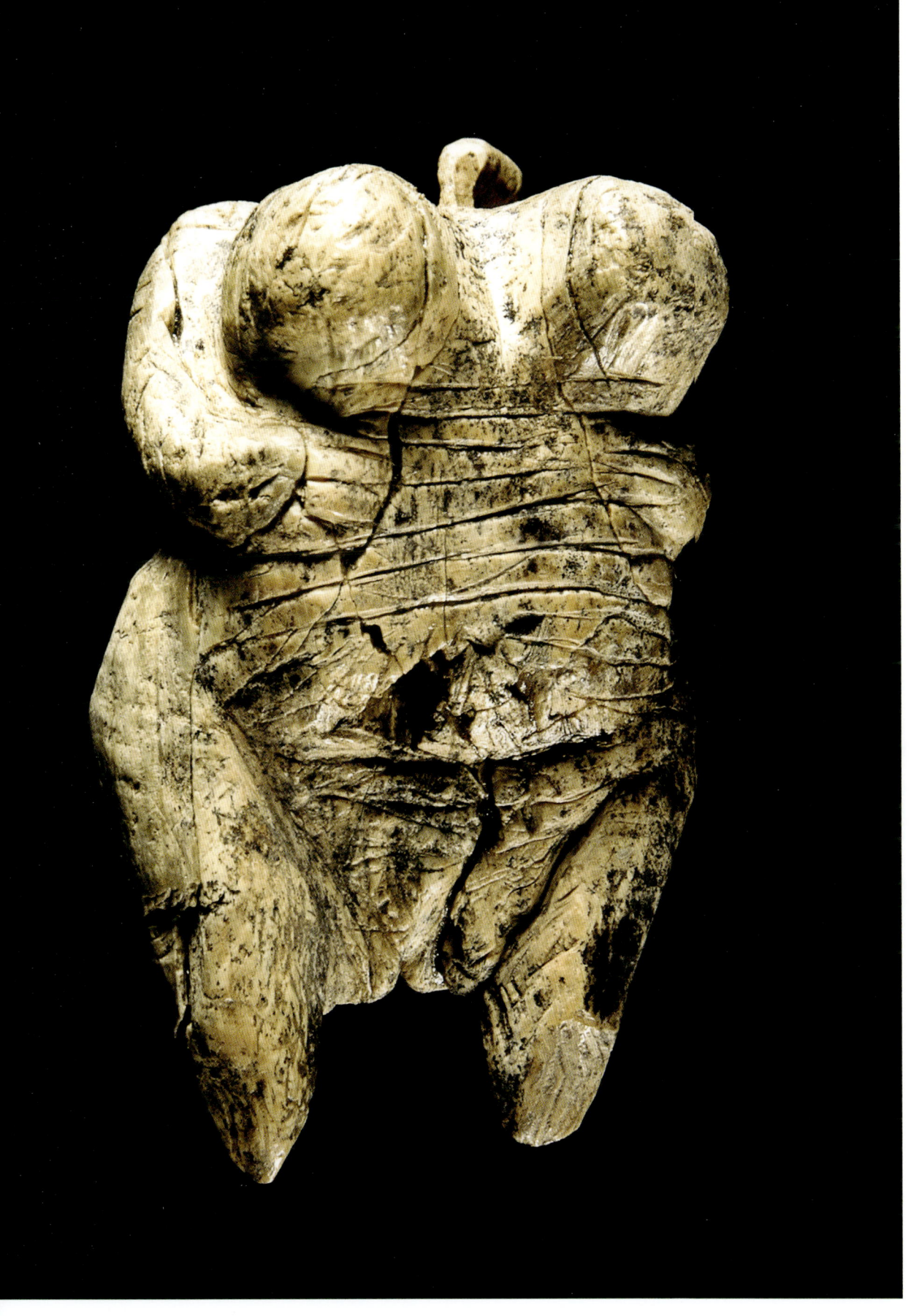

Die weltweit älteste Darstellung einer Frau – die Venus (6,0 cm) vom Hohle Fels.

The world's oldest depiction of a woman: the Venus (6,0 cm) from Hohle Fels.

La figure féminine la plus ancienne de monde – la Vénus (6,0 cm) de Hohle Fels.

Dauerhaft – Eine wissenschaftliche Meisterleistung

Neben den Aspekten der Einzigartigkeit und der herausragenden Erhaltung ist auch die Forschungsgeschichte von großer Relevanz für das Welterbeensemble. Seit dem 19. Jahrhundert fanden in den Höhlen sowie unter Felsüberhängen in Ach- und Lonetal immer wieder archäologische Ausgrabungen statt. Aufgrund der Fülle der entdeckten und untersuchten Fundstellen bilden die beiden Täler einen der bedeutendsten archäologischen Forschungsschwerpunkte zur jüngeren Altsteinzeit weltweit.

■ Bereits während der 30er und 50er Jahre des 20. Jahrhunderts fanden großräumige Untersuchungen vor und in der Stadel-Höhle im Hohlenstein statt.

■ Large-scale excavations were already taking place in the 1930s and 1950s in front of and in Hohlenstein-Stadel Cave.

■ Déjà durant les années 30 et 50 du XXᵉ siècle, de vastes chantiers de fouilles archéologiques ont été lancés devant et à l'intérieur de la grotte de Hohlenstein-Stadel.

■ Die Vogelherdhöhle wurde bereits 1931 ausgegraben. Davor war der Hohlraum fast vollständig mit Sediment verfüllt.

■ Vogelherd Cave was excavated in 1931. The cave had before been almost completely filled with sediment.

■ Des opérations de fouilles ont été menées dans la grotte de Vogelherd dès 1931. Auparavant, la cavité de la grotte était presque intégralement remplie de sédiments.

Long-lasting: A scientific achievement

In addition to the aspects of uniqueness and outstanding preservation, the history of research is also of great relevance to the world heritage assemblage. Since the 19th century, archaeological excavations have been taking place in the caves as well as under rock shelters in the Ach and Lone valleys. Because of the wealth of discovered and examined sites, both valleys form one of the most important archaeological research focus areas for the world in the period of the Upper Palaeolithic.

Durable – un tour de force scientifique

Outre le caractère exceptionnel des vestiges mis au jour et leur excellent état de conservation, l'histoire de recherche revêt elle aussi une importance capitale pour l'ensemble patrimonial. Depuis le XIXᵉ siècle, les grottes et les abris rocheux situés dans les vallées de l'Ach et de la Lone ont régulièrement fait l'objet de fouilles archéologiques. Compte tenu de l'abondance des gisements découverts et explorés, les deux vallées comptent parmi les sites de recherches archéologiques sur le Paléolithique supérieur les plus importants au monde.

Erhaltenswert – Denkmale von besonderer Bedeutung

Die Höhlen und die sie umgebende Landschaft bilden als Einheit die Welterbestätte und stehen als ganzheitliches Ensemble unter besonderem Schutz. Vor allem im Bereich der Talhänge gibt es mit hoher Wahrscheinlichkeit weitere Fundstellen, zum Beispiel bisher unentdeckte Höhlen oder altsteinzeitliche Freilandfundstellen, die in Bezug zu den schon bekannten eiszeitlichen Höhlen und deren ehemaligen Bewohnern stehen. Sie stellen archäologische Archive dar, die Forschern in Zukunft als Quellen für neue Erkenntnisse zum Leben der eiszeitlichen Jäger und Sammler dienen können. Aus diesen Gründen sind die umliegenden Talbereiche großräumig als Grabungsschutzgebiete und Kulturdenkmale ausgewiesen. Die Höhlen selbst stellen nach § 12 DSchG „Kulturdenkmale von besonderer Bedeutung" dar und

■ Blick aus der Bocksteinhöhle durch den im 19. Jahrhundert künstlich geschaffenen Eingang.

■ View from Bockstein Cave through the artificial entrance that was made in the 19th century.

sind in das Denkmalbuch eingetragen. Eine denkmalgeschützte Pufferzone umgibt das Welterbe und vervollständigt das Schutzensemble.

Neben dem aktiven Schutz ist die langfristige und nachhaltige Konservierung die Hauptaufgabe des Managements der Welterbestätte. Die verschiedenen Fundstellen haben mitunter sehr unterschiedliche Erhaltungsbedingungen, auf die spezifisch eingegangen werden muss. Um diesem Anspruch gerecht zu werden,

wurden verschiedene Überprüfungsparameter (*monitoring markers*) festgelegt. So wurden und werden die Fundstellen immer wieder fotografisch dokumentiert, um eine Veränderung des Erscheinungsbildes über die Jahre nachvollziehen zu können. Daneben kommt vor allem die dreidimensionale Vermessung zum Einsatz. Sollten bei einer der regelmäßigen Überprüfungen Abweichungen festgestellt werden, können sehr schnell Maßnahmen ergriffen werden, um Fundstellen und Landschaft zu schützen.

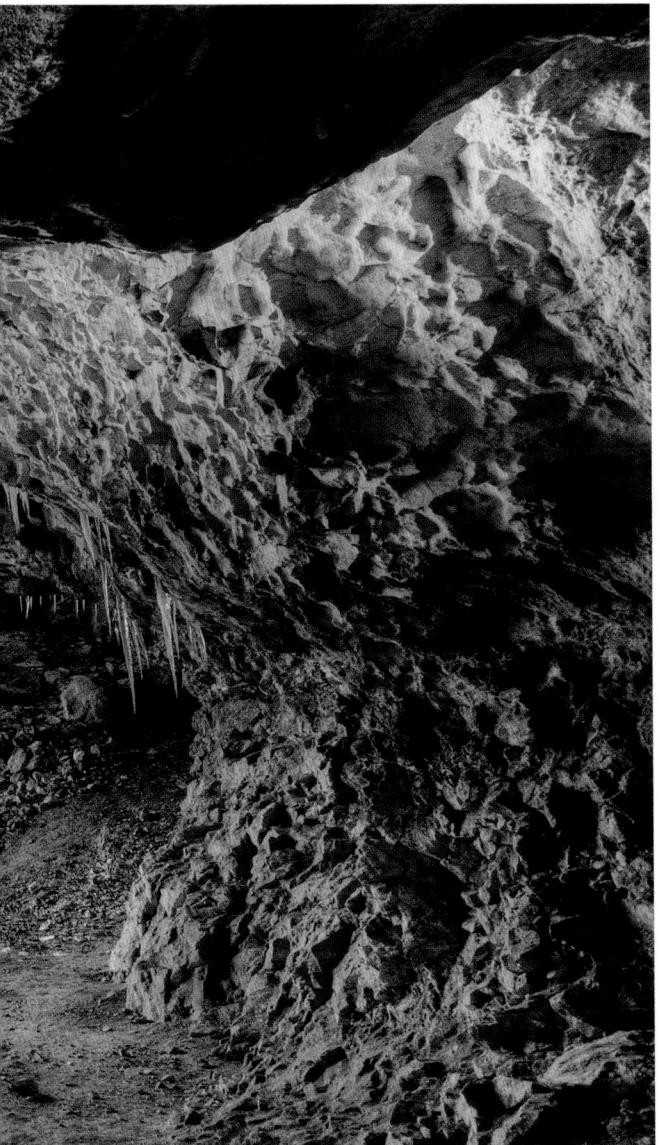

Vue depuis la grotte de Bockstein par l'entrée artificielle créée au XXᵉ siècle.

Preservation Value: Monuments of special meaning

The caves and the surrounding landscape form together the World Heritage Site, representing an integrated assemblage under special protection. Above all, on the hillsides of the two valleys, there are with great likelihood more sites, for example caves yet to be discovered or Palaeolithic open-air sites, which relate to the Ice Age caves already discovered and their former inhabitants. They represent archaeological archives that will serve as sources of new knowledge on the lives of Ice Age hunters and gatherers for future researchers. For these reasons, the valleys and their surrounding areas are broadly designated as excavation protection areas and cultural monuments. The caves themselves, according to heritage protection law, represent "cultural monuments of particular importance" and are listed among monuments to be preserved and protected. A preservation buffer zone surrounds the World Heritage site and completes the ensemble protected under law.

Besides active protection, long-term and sustainable conservation is the primary function of the management of the world heritage site. The archaeological sites all have unique conservation needs, thus requiring each be given specific and unique attention. In order to meet these requirement, various monitoring markers have been established. The archaeological sites have been and will continue to be photo-documented to determine any changes that may take place in their appearance over the years. The sites will be measured in three dimensions as well. Should these regular investigations ever uncover alterations, the necessary measures can then be quickly undertaken to protect the sites as well as the surrounding landscape.

Dignes de protection – des monuments d'une valeur exceptionnelle

Avec les grottes et le paysage environnant, le site patrimonial compose un ensemble global bénéficiant d'une protection spécifique. Notamment sur les versants de ces deux vallées, l'existence d'autres gisements est très probable, par exemple des grottes ou des sites paléolithiques en plein air encore inconnus à ce jour ayant un lien avec les grottes actuelles et leurs anciens habitants de l'ère glaciaire. Ces gisements encore inexplorés sont autant de précieuses archives archéologiques que les chercheurs pourront exploiter à l'avenir comme sources de nouvelles connaissances sur le mode de vie des chasseurs-cueilleurs de l'époque. À une plus vaste échelle, les territoires des vallées alentour sont, pour cette raison, désignés comme zones de fouilles protégées et déclarés monuments culturels. En vertu de l'article 12 de la Loi sur la protection du patrimoine culturel du land de Bade-Wurtemberg, les grottes elles-mêmes sont inscrites au registre des monuments historiques au titre de « monuments culturels de valeur exceptionnelle ». Venant compléter ce précieux ensemble, une zone tampon entourant le site du patrimoine mondial bénéficie elle aussi d'une protection au titre des monuments historiques.

Outre ce devoir de protection active, la conservation durable du site sur le long terme constitue la principale tâche inhérente à sa gestion. Les différents gisements présentent chacun des conditions de conservation très disparates qui doivent être prises en compte spécifiquement. Pour pouvoir satisfaire à cette exigence, divers paramètres de contrôle (*monitoring markers*) ont été définis. Ainsi, les sites sont régulièrement documentés par des clichés photographiques afin de pouvoir suivre l'évolution de leur apparence au fil des années. Mais surtout, des travaux de mesurage tridimensionnel sont également effectués. Si de quelconques divergences sont détectées à l'occasion de l'un de ces contrôles réguliers, les mesures nécessaires peuvent être immédiatement mises en œuvre afin de protéger les gisements et le paysage environnant.

■ Eiszeit – die Stadel-Höhle am Hohlenstein im Winter.

■ Ice Age: Stadel Cave at Hohlenstein in winter.

■ Époque glaciaire – la grotte de Hohlenstein-Stadel en hiver.

■ Der Innenraum der Sirgensteinhöhle wird tagsüber durch zwei natürlich entstandene Öffnungen erhellt.

■ The interior of Sirgenstein Cave is lit during the day through two naturally occurring skylights.

■ En journée, la cavité de la grotte de Sirgenstein est éclairée par deux ouvertures qui se sont formées naturellement.

Die archäologische Fund-
stelle Geißenklösterle im
Bruckfels bei Blaubeuren.

The Geißenklösterle site in
Bruckfels near Blaubeuren.

Le site archéologique du
Geißenklösterle dans le
Bruckfels près de Blau-
beuren.

Erkennbar und wissenswert – Die Präsentation des Welterbes

Mit der Eintragung der Stätte in die Welterbeliste und der damit einhergehenden verstärkten touristischen Bewerbung ist das Interesse der Öffentlichkeit an der Archäologie der Altsteinzeit und im Besonderen an der Kunst der Eiszeit deutlich gestiegen. Deshalb zählt die Vermittlung des kulturhistorischen Wertes der Welterbestätte und des Welterbegedankens zu den wichtigsten Aufgaben der Landesdenkmalpflege und der regionalen Partner. Die Vermittlungsarbeit wird durch Internetauftritt, Presse- und Öffentlichkeitsarbeit sowie durch Printprodukte stetig weitergeführt. Daneben bieten verschiedene Museen und Informationsstellen umfangreiche Informationen zum Welterbe, insbesondere das Urgeschichtliche Museum Blaubeuren, das Museum Ulm, der Archäopark Vogelherd in Niederstotzingen, das Museum der Universität Tübingen und das Landesmuseum Württemberg in Stuttgart. Im Fokus der Informations- und Vermittlungsstandorte stehen vor allem die spektakulären Funde aus den Höhlen, die jedoch als bewegliche Gegenstände selbst kein Welterbe darstellen. Dennoch lässt sich erst durch das Zusammenspiel der Funde und der Originalschauplätze vor Ort das Leben der Menschen auf der Schwäbischen Alb während der Eiszeit am anschaulichsten darstellen.

Recognition and Scientific Value: The Presentation of World Heritage

In placing the two valley segments on the World Heritage list, and the accompanying growth in touristic advertising, the general public's interest in the archaeology of the Palaeolithic and especially for Ice Age art has significantly increased. Therefore, presenting the cultural-historical value of the World Heritage sites and the World Heritage concept has become one of the most important functions of the State Office for Cultural Heritage (Baden-Württemberg) and its regional partners. The mediation work is done through ongoing management of internet presence, press and public relations as well as through the distribution of printed educational material. Various museums and information centres also offer extensive information on World Heritage, especially the Museum of Prehistory in Blaubeuren, the *Museum Ulm*, the *Archäopark Vogelherd* in Niederstotzingen, the Museum of the University of Tübingen and the *Landesmuseum Württemberg* in Stuttgart. The focus of these information centres is above all the spectacular finds from the caves which, as portable objects, are not in fact themselves World Heritage. It is the interaction of finds and original locations that best presents the lives of human beings on the Swabian Jura during the Ice Age.

Visibilité et intérêt auprès du public la présentation du site classé au patrimoine mondial

Avec l'inscription du site sur la Liste du patrimoine mondial et, dans le même temps, l'intensification de la promotion touristique s'y rapportant, l'intérêt du public pour l'archéologie du Paléolithique, et notamment l'art de la période glaciaire, s'est fortement accru. Le travail de médiation portant sur la valeur historico-culturelle du site et à la réflexion autour du patrimoine mondial compte parmi les tâches principales de la conservation du patrimoine et des partenaires régionaux. Il se poursuit en permanence par le biais d'Internet, des relations avec la presse et le public et au moyen des produits imprimés. Qui plus est, différents musées et centres d'information font également figure de lieux de médiation en la matière, notamment : le musée de Préhistoire à Blaubeuren, le musée d'Ulm, l'archéoparc Vogelherd à Nieder-

stotzingen, le musée de l'université de Tübingen et le musée du Wurtemberg à Stuttgart. Certes, les sites d'information et de médiation se concentrent pour une grande part sur les précieux vestiges qui ont été mis au jour dans les grottes, lesquels toutefois, en tant qu'objets mobiles, ne sont pas patrimoine mondial en soi. Il n'en reste pas moins que c'est précisément ce dialogue entre les vestiges et les lieux dans lesquels ils ont été retrouvés qui offre le tableau le plus parlant sur la vie des hommes dans le Jura souabe à l'époque glaciaire.

■ Ein Elfenbeinplättchen aus den Schichten des Geißenklösterle zeigt auf der einen Seite einen Menschen mit erhobenen Armen. Die Rückenseite ist mit Reihen von Punkten verziert (Höhe 4,8 cm).

■ Found in sediments in the Geißenklösterle, one side of this small ivory tile shows a person with raised arms. The rear is decorated with points (height 4.8 cm).

■ Une petite plaquette en ivoire provenant des couches du Geißenklösterle montre sur l'une des faces un personnage aux bras levés et sur l'autre des lignes de points (hauteur 4,8 cm).

Weiterführende Literatur und Websites

Maulbronn

Eidloth, Volkmar (Hrsg.): Kloster Maulbronn und sein landschaftliches Erbe (Arbeitshefte Landesamt für Denkmalpflege 36). Ostfildern 2018.

Evangelisches Seminar Maulbronn. Sanierung und Ausbau. Ulm 2018.

Maulbronn. Zur 850-jährigen Geschichte des Zisterzienserklosters. Stuttgart 1997.

Seidenspinner, Wolfgang: Das Maulbronner Wassersystem. Relikte zisterziensischer Agrarwirtschaft und Wasserbautechnik im heutigen Landschaftsbild. In: Denkmalpflege in Baden-Württemberg 18, 1989, S. 181–191.

UNESCO-Welterbe Kloster Maulbronn in Baden-Württemberg. Stuttgart 2013.

Reichenau

https://www.denkmalpflege-bw.de/fileadmin/media/publikationen_und_service/infobroschueren/Broschuere_Unesco-Welterbe_Klosterinsel-Reichenau.pdf

Erdmann, Wolfgang: Die Reichenau im Bodensee. Geschichte und Kunst. 11., von Bernd Konrad durchgesehene und um ein Kapitel zum spätgotischen Chor erweiterte Auflage. Königstein i. Ts. 2004.

Jakobs, Dörthe: Sankt-Georg in Reichenau-Oberzell. Der Bau und seine Ausstattung (Forschungen und Berichte der Bau- und Kunstdenkmalpflege in Baden-Württemberg 9). Stuttgart 1999.

John, Timo: Die Klosterinsel Reichenau im Bodensee – „Wiege der abendländischen Kultur". Beuron 2006.

Klosterinsel Reichenau im Bodensee, UNESCO Weltkulturerbe (Arbeitshefte Landesamt für Denkmalpflege 8). Stuttgart 2001.

Nocke, Bettina/ Roth, Erik/Schütze, Edith: Entwicklungskonzept für die Klosterinsel Reichenau. Welterbe und informelle Planung. In: Denkmalpflege in Baden-Württemberg 39, 2010, S. 154–160.

Qualitätssicherung und Konfliktmanagement in Welterbestätten. Berlin 2012.

Reichwald, Helmut F.: Denkmalverschleiß durch Massentourismus? Welterbestätte Reichenau. In: Denkmalpflege in Baden-Württemberg 32, 2003, S. 252–257.

UNESCO-Welterbe Klosterinsel Reichenau in Baden-Württemberg. Stuttgart 2013.

UNESCO-Weltkulturerbe Reichenau. Tagungsband des DBU-Abschlusskolloquiums 22.–24.3.2017 (Arbeitshefte Landesamt für Denkmalpflege 33). Stuttgart 2017.

Limes

https://www.liz-bw.de/

Henrich, Peter (Hrsg.): Limes 90°. Der Obergermanisch-Raetische Limes fotografiert von Dr. Eckehart Ayen (Beiträge zum Welterbe Limes 4). Stuttgart 2010.

Henrich, Peter (Hrsg.): Perspektiven der Limesforschung. 5. Kolloquium der Deutschen Limeskommission (Beiträge zum Welterbe Limes 5). Stuttgart 2011.

Klee, Margot: Grenzen des Imperiums. Leben am römischen Limes. Darmstadt 2006.

Planck, Dieter: Die Römer in Baden-Württemberg. Darmstadt 2005.

Thiel, Andreas: Wege am Limes. 55 Ausflüge in die Römerzeit. Stuttgart 2005.

Thiel, Andreas (Hrsg.): Forschungen zur Funktion des Limes. 3. Kolloquium der Deutschen Limeskommission (Beiträge zum Welterbe Limes 2). Stuttgart 2007.

Thiel, Andreas (Hrsg.): Neue Forschungen am Limes. 4. Kolloquium der Deutschen Limeskommission (Beiträge zum Welterbe Limes 3). Stuttgart 2008.

Thiel, Andreas: Der Limes als UNESCO-Welterbe (Beiträge zum Welterbe Limes 1). Stuttgart 2008.

Thiel, Andreas: Die Römer in Deutschland. Stuttgart 2008.

UNESCO-Welterbe Grenzen des römischen Reiches. Obergermanisch-raetischer Limes in Baden-Württemberg. Stuttgart ³2017.

Pfahlbauten um die Alpen

www.palafittes.org
www.unesco-pfahlbauten.org
www.bodensee.eu/pfahlbauten

Brem, Hansjörg: Das neue UNESCO-Welterbe und die archäologischen Fachstellen im Bodenseeraum. In: Archäologie Schweiz 36, 2013, S. 26–33.

Brem, Hansjörg (Hrsg.): Erosion und Denkmalschutz am Bodensee und Zürichsee. Ein internationales Projekt im Rahmen des Interreg IV-Programmes „Alpenrhein-Bodensee-Hochrhein" zur Entwicklung von Handlungsoptionen zum Schutz des Kulturgutes unter Wasser. Bregenz 2013.

Hagmann, Sabine/Schlichtherle, Helmut: UNESCO-Welterbe: Prähistorische Pfahlbauten rund um die Alpen. Ein erfolgreicher internationaler Welterbeantrag mit baden-württembergischer Beteiligung. Denkmalpflege in Baden-Württemberg 40, 2011, S. 194–201.

Suter, Peter/Schlichtherle, Helmut: Pfahlbauten – Palafittes – Palafitte – Pile dwellings – Kolisca. UNESCO-Welterbe-Kandidatur „Prähistorische Pfahlbauten rund um die Alpen". Biel/Bienne 2009.

UNESCO-Welterbe Prähistorische Pfahlbauten um die Alpen in Baden-Württemberg und Bayern. Stuttgart ³2017.

Le Corbusier

www.fondationlecorbusier.fr

Adlbert, Georg (Hrsg): Le Corbusier, Pierre Jeanneret – Doppelhaus in der Weißenhofsiedlung Stuttgart. Die Geschichte einer Instandsetzung. Stuttgart/Zürich 2006.

Bau und Wohnung. Die Bauten der Weißenhofsiedlung in Stuttgart errichtet 1927 nach Vorschlägen des Deutschen Werkbunds im Auftrag der Stadt Stuttgart und im Rahmen der Werkbundausstellung „Die Wohnung". Stuttgart 1927.

Boesinger, Willi (Hrsg): Le Corbusier et Pierre Jeanneret: Oeuvre complète de 1910–1929, Bd. 1. Zürich ²1937.

Gaukel, Inken: Flachdach oder Satteldach? Die Stuttgarter Siedlungen am Weißenhof und am Kochenhof. In: Stadt und Siedlung. Identitätsorte und Heimat im Wandel. Bonn 2014, S. 114–132.

Huse, Norbert: Le Corbusier in Selbstzeugnissen und Bilddokumenten. Reinbek bei Hamburg 1976.

Kirsch, Karin: Die Weißenhofsiedlung. Werkbundausstellung „Die Wohnung" – Stuttgart 1927. Stuttgart 1987.

Mohn, Claudia: Doppelhaus Le Corbusier/Pierre Jeanneret. Weißenhofsiedlung Stuttgart. Stuttgart 2005.

Nägele, Hermann: Die Restaurierung der Weißenhofsiedlung 1981–87. Stuttgart 1992.

Roth, Alfred: Zwei Wohnhäuser von Le Corbusier und Pierre Jeanneret. Stuttgart 1927.

Urbanik, Jadwiga (Hrsg): Der Weg zur Moderne. Werkbund-Siedlungen 1927–1932. Wroclaw 2016.

Eiszeitkunst

www.iceageart.de

Heidenreich, Stephan M./Meister, Conny: UNESCO Welterbe Höhlen und Eiszeitkunst der Schwäbischen Alb/UNESCO World Heritage Caves and Ice Age Art in the Swabian Jura. Esslingen 2017.

Heidenreich, Stephan M./Läpple, Karin/Meister, Conny: Erlebniskoffer Höhlen und Eiszeitkunst, Unterrichtsmodul für die Klassen 3/4 und 5/6 in Werkrealschule, Realschule, Gymnasium und Gemeinschaftsschule. Esslingen 2017.

Abbildungsnachweis

Einleitung
S. 8/9: Günter Bayerl, Ulm.
S. 10: UNESCO/Nenadovic. Courtesy of UNESCO Archives.
S. 13 Detail Mäander: Theo Keller, jr., Reichenau.
S. 14–16: Günther Bayerl, Ulm.
S. 17: LAD, Otto Braasch
S. 19: Le Corbusier: © F.L.C. / VG Bild-Kunst, Bonn 2019; Pierre Jeanneret: © VG Bild-Kunst, Bonn 2019; Foto: Günther Bayerl, Ulm. (L 8320 -008-02_6257-23, 9.2.2005).
S. 20: Helmut Schlaiß, Langenau.

Maulbronn
S. 21/22 Günther Bayerl, Ulm.
S. 25: LAD, Otto Braasch (L 6918-001-01_20150926-3277_MG_3277).
S. 27: LAD, Bernd Hausner.
S. 28: Günther Bayerl, Ulm.
S. 29: Günther Bayerl, Ulm.
S. 30 oben: LAD, Bernd Hausner.
S. 30 unten: Günther Bayerl, Ulm.
S. 31: LAD, Bernd Hausner.
S. 32/33: LAD, Bernd Hausner.
S. 34: LAD, Bernd Hausner.
S. 35: LAD, Rainer Laun.
S. 36: LAD, Bernd Hausner.
S. 37: Planstatt Senner.
S. 38: LAD, Bernd Hausner.
S. 39: LAD, Bernd Hausner.
S. 41: LAD, Bernd Hausner.
S. 43: LAD, Otto Braasch (L 6918-001-01_20160810-2111_IMG_2111).
S. 44: Günther Bayerl, Ulm.

Reichenau
S. 46/47: Günther Bayerl, Ulm.
S. 48/49: LAD, Felix Pilz.
S. 51: LAD, Felix Pilz.
S. 52: LAD, Otto Braasch (L 8320-034-01-20120510-2319_MG_2319).
S. 54: LAD, Felix Pilz.
S. 55: LAD, Felix Pilz.
S. 56: LAD, Felix Pilz.
S. 58: LAD, Felix Pilz.
S. 59: Josef Keller, Reichenau.
S. 60/61: LAD, Felix Pilz.
S. 62/63: LAD, Felix Pilz.
S. 65: LAD, Otto Braasch (L8320-030-01_6209-11).
S. 66: LAD, Dörthe Jakobs.
S. 67: Theo Keller jr., Reichenau.
S. 68: LAD, Felix Pilz.
S. 69: LAD, Felix Pilz.

Limes
S. 72/73: Günther Bayerl, Ulm.
S. 75: LAD, Otto Braasch (L 6922-027-01_3506-22 vom 20.11.1995).

S. 76: Günther Bayerl, Ulm.
S. 77: Stephan Bender, privat.
S. 79: Ulrich Sauerborn, LIZ Aalen.
S. 80: Archäologisches Landesmuseum Baden-Württemberg, Manuela Schreiner.
S. 81: Günther Bayerl, Ulm.
S. 82: LAD, Otto Braasch (L 7122-028-01_1747-13 vom 23.04.1991).
S. 83: Carola Hubert, LIZ Aalen.
S. 84: Markus Pantle, Großbottwar.
S. 86–87: Günther Bayerl, Ulm.
S. 88: Ulrich Sauerborn, LIZ Aalen.
S. 89: Agentur Arcos, Murrhardt.
S. 90–91: LAD, Otto Braasch (L 7122-027-01_6837-33 vom 14.12.2008).
S. 92: Günter Bayerl, Ulm.
S. 93: LAD, Otto Braasch (L7122-003-02_6837-13 vom 14.12.2008).
S. 94/95: Foto Günther Bayerl.
S. 96: Archäologisches Landesmuseum Baden-Württemberg, Manuela Schreiner.

Pfahlbauten
S. 98/99: Otto Braasch (L 8320-008-02_3806-33, 30.09.1996).
S. 100: LAD, Otto Braasch (L 8320-023-01_20110330-8691_MG, 30.03.2011).
S. 102: Archäologisches Landesmuseum Baden-Württemberg, Manuela Schreiner.
S. 103: LAD, Yvonne Mühleis.
S. 104: LAD, Joachim Köninger.
S. 105: LAD, Yvonne Mühleis.
Seite 106: LAD, Heinz Dürr.
S. 109: LAD, Yvonne Mühleis.
S. 110/111: LAD, Otto Braasch (L 8320-063-01_1198-20, 06.03.1990).
S. 112: LAD, Monika Erne.
S. 113: LAD, Monika Erne.
S. 114: LAD, Wolfgang Hohl.
S. 115: LAD, Paul Scherrer.
S. 116/117: LAD, Otto Braasch (L 8320-008-02_6256-26, 09.02.2005).
S. 118/119: Günter Bayerl, Ulm.
S. 120: LAD, Sabine Hagmann.

Le Corbusier
S. 122/123: Le Corbusier: © F.L.C. / VG Bild-Kunst, Bonn 2019; Pierre Jeanneret: © VG Bild-Kunst, Bonn 2019; Foto: Günther Bayerl, Ulm.
S. 124: © Constantin Beyer, Foto: Günther Beyer.
S. 125 oben: © Strähle Luftbild, Schorndorf.
S. 126: Le Corbusier © F.L.C. / VG Bild-Kunst, Bonn 2019.
S. 127: Landesarchiv Baden-Württemberg, Staatsarchiv Freiburg, W 134 Nr. 002658, Foto: Willy Pragher.

S. 128: Le Corbusier: © F.L.C. / VG Bild-Kunst, Bonn 2019; Pierre Jeanneret: © VG Bild-Kunst, Bonn 2019.
S. 129 oben: Le Corbusier: © F.L.C. / VG Bild-Kunst, Bonn 2019.
S. 130 unten: Landesarchiv Baden-Württemberg, Staatsarchiv Freiburg, W 134 Nr. 002657, Foto: Willy Pragher.
S. 131: Le Corbusier: © F.L.C. / VG Bild-Kunst, Bonn 2019; Pierre Jeanneret: © VG Bild-Kunst, Bonn 2019; Stadtarchiv Stuttgart.
S. 135: © F.L.C. / VG Bild-Kunst, Bonn 2019.
S. 136: Dieter Ruff.
S. 139: Le Corbusier: © F.L.C. / VG Bild-Kunst, Bonn 2019; Pierre Jeanneret: © VG Bild-Kunst, Bonn 2019; Bildarchiv Foto Marburg, Foto: Waltraud Krase.
S. 140: Thomas Wolf, Gotha.
S. 141: Le Corbusier: © F.L.C. / VG Bild-Kunst, Bonn 2019; Pierre Jeanneret: © VG Bild-Kunst, Bonn 2019; Foto: Thomas Wolf, Gotha.
S. 142: Thomas Wolf, Gotha.
S. 143: Le Corbusier: © F.L.C. / VG Bild-Kunst, Bonn 2019; Pierre Jeanneret: © VG Bild-Kunst, Bonn 2019; Foto: Günther Bayerl, Ulm.
S. 144: Le Corbusier: © F.L.C. / VG Bild-Kunst, Bonn 2019; Pierre Jeanneret: © VG Bild-Kunst, Bonn 2019; Foto: Rose Hajdu, Stuttgart.

Höhlen
S. 146/147: Günther Bayerl, Ulm.
S. 148/149: Helmut Schlaiß, Langenau.
S. 150: Helmut Schlaiß, Langenau.
S. 151: LAD, Otto Braasch (L 7724-132-01_1729-39/09.04.1991).
S. 152/153: Helmut Schlaiß, Langenau.
S. 154: Landesmuseum Württemberg, Henrik Zwietasch.
S. 156: LAD / Museum Ulm, Yvonne Mühleis.
S. 157 oben: Universität Tübingen, Juraj Lipták
S. 157 unten links:, Universität Tübingen, Juraj Lipták
S. 157 unten rechts: Universität Tübingen Hilde Jensen.
S. 158: Universität Tübingen, Wieland Binczik.
S. 159: Universität Tübingen, Hilde Jensen.
S. 161: Universität Tübingen, Hilde Jensen.
S. 162: Museum Ulm, Robert Wetzel.
S. 163: Universität Tübingen, Gustav Riek.
S. 164/165: Helmut Schlaiß, Langenau.
S. 166: Helmut Schlaiß, Langenau.
S. 167: LAD, Markus Steffen.
S. 168 Helmut Schlaiß, Langenau.
S. 169: Landesmuseum Württemberg, Henrik Zwietasch, Peter Frankenstein.

S. 172: Federsee, NABU, Jost Einstein.

Impressum

1. Auflage 2019
© 2019 by Silberburg-Verlag GmbH, Schweickhardtstraße 5a, D-72072 Tübingen.
Alle Rechte vorbehalten.

Herausgegeben vom
Ministerium für Wirtschaft, Arbeit und Wohnungsbau Baden-Württemberg – Oberste Denkmalschutzbehörde
Landesamt für Denkmalpflege im Regierungspräsidium Stuttgart

Autoren:
Einführung: Dr. Denise Beilharz, Ministerium für Wirtschaft, Arbeit und Wohnungsbau Baden-Württemberg
Kloster Maulbronn: Susann Seyfert M.A., Landesamt für Denkmalpflege im Regierungspräsidium Stuttgart
Die Klosterinsel Reichenau: Dagmar Schmidt M.A., Oberboihingen
Obergermanisch-Raetischer Limes: Dr. Stephan Bender und Dr. Klaus Kortüm, Landesamt für Denkmalpflege im Regierungspräsidium Stuttgart
Prähistorische Pfahlbauten um die Alpen: Sabine Hagmann M.A. und Dr. Renate Ebersbach, Landesamt für Denkmalpflege im Regierungspräsidium Stuttgart
Le Corbusiers Stuttgarter Häuser: Dipl. Ing. Inken Gaukel, Stuttgart
Höhlen und Eiszeitkunst der Schwäbischen Alb: Conny Meister M.Sc., Landesamt für Denkmalpflege im Regierungspräsidium Stuttgart

© Landesamt für Denkmalpflege im Regierungspräsidium Stuttgart

Umschlagbilder
Vorderseite: Insel Reichenau, Günther Bayerl
Innenseite vorn: Karte von Baden-Württemberg mit den sechs Welterbestätten, © Ingenieurbüro Schmalfuß, München
hinten: Weltkarte mit den Welterbestätten von Le Corbusier, © Ingenieurbüro Schmalfuß, München

Umschlaggestaltung: DOPPELPUNKT, Stuttgart

Schriftleitung: Dr. Andrea Bräuning
Projektsteuerung und Lektorat: Dr. Andrea Bräuning, Dr. Thomas Link, Landesamt für Denkmalpflege im Regierungspräsidium Stuttgart
Redaktion: Dr. Andrea Bräuning, Dr. Nicola Geldmacher, Dr. Thomas Link, Landesamt für Denkmalpflege im Regierungspräsidium Stuttgart;
Dr. Denise Beilharz, Grit Koltermann M.A., Ministerium für Wirtschaft, Arbeit und Wohnungsbau Baden-Württemberg; Silja Meister M.A., Tübingen
Übersetzung der Texte ins Englische: Diana Kerns, Tübingen; David Bibby, Fiona Vernon, Landesamt für Denkmalpflege im Regierungspräsidium Stuttgart
Übersetzung der Texte ins Französische: Valérie Minchin, Paris
Französisches Lektorat: Isabelle Noël-Tschocke, Breisach, Martine Keller, Strasbourg, Dr. Gabriele Graenert, Dr. Gertrud Kuhnle, Landesamt für Denkmalpflege im Regierungspräsidium Stuttgart

Gestaltung und Satz: DOPPELPUNKT, Stuttgart
Druck: Printer Trento S.r.l., Italien
Printed in Europa

ISBN 978-3-8425-2193-3

Besuchen Sie uns im Internet und entdecken Sie die Vielfalt unseres Verlagsprogramms:
www.silberburg.de

Ihre Meinung ist uns wichtig
… für unsere Verlagsarbeit. Wir freuen uns auf Kritik und Anregungen unter: meinung@silberburg.de

Belgien:

Antwerpen, Haus Guiette

Frankreich:

Saint-Dié-des-Vosges, Fabrik in Saint-Dié

Ronchamp, Kapelle Notre-Dame-du-Haut

Paris, Doppelhaus La Roche und Jeanneret

Boulogne-Billancourt, Mietshaus an der Porte Molitor

Poissy, Villa Savoye

Éveux, Kloster Sainte-Marie de La Tourette

Firminy, Haus der Kultur in Firminy

Pessac, Siedlung Frugès

Marseille, Unité d'habitation

Roquebrune-Cap-Martin, Cabanon

Argentinien:

La Plata, Haus von Dr. Curutchet